GRACIAS
AL
MIEDO

CRISTINA PEDROCHE

GRACIAS AL MIEDO

UNA HISTORIA DE VALENTÍA, DESCUBRIMIENTO Y AMOR INCONDICIONAL

Planeta

Av. Diagonal, 662-664, 08034 Barcelona
www.editorialplaneta.es
www.planetadelibros.com

Diseño de maqueta: J. Mauricio Restrepo

Primera edición: junio de 2024
Depósito legal: B. 8.695-2024
ISBN: 978-84-08-29095-7
Preimpresión: J. A. Diseño Editorial, S. L.
Impresión: Unigraf
Printed in Spain – Impreso en España

Para Laia, gracias por hacerme madre.

Índice

1. Hazlo con miedo, 11
2. El origen de mis miedos, 19
3. El día que mi vida cambió, 27
4. Sin intimidad, 39
5. Huir o enfrentarse, 51
6. Poderosa... y hundida, 63
7. Demasiado para mí, 77
8. En terapia, 85
9. En busca del diagnóstico, 99
10. Gris oscuro, 107
11. Maldito coche, 123
12. Mi tribu, 133
13. Sé lo que cuesta, 141
14. ¿Será mejor esconderse?, 159
15. El duelo por la Pedroche que fui, 167
16. Incomprendidas, 181

17. Escucha mis quejas, **189**
18. Por fin he aprendido, **203**
Laia, **213**
Agradecimientos, **219**

1

HAZLO CON MIEDO

Te voy a contar mi historia, tan real como la de cualquier otra mujer. Y lo hago principalmente porque me hubiera encantado leer algo así cuando me quedé embarazada. Voy a decir siempre que he tenido un posparto psicológico malo —en pasado—, porque tengo la ilusión de que cuando estés leyendo esto yo ya esté cien por cien recuperada.

Aunque tengo mis dudas, la verdad.

Me dicen que escriba todo lo que sienta, pero es muy complicado expresarlo. No me salen ni las palabras cuando mi familia me pregunta, como para escribirlo... Pero aquí estoy, dando lo máximo de mí para tratar de explicarme. A lo largo de estos meses he ido recopilando ideas en forma de textos, dándoles un sentido a mis emociones, con el objetivo de que me hiciese bien; de que fuese una manera de paliar el dolor, la ansiedad, el miedo.

Seré clara: es muy difícil definir lo que siento. Es taaan difícil de explicar...

Tal vez lo mejor sea utilizar una imagen lo bastante clara como para que puedas entenderme, o al menos hacerte una idea cercana.

Es como estar al borde de un precipicio, casi a punto de caer, con el miedo a que todo acabe, pero con unas vistas preciosas.

¿Lo has experimentado alguna vez? ¿Has vivido eso de estar en el mejor momento de tu vida sintiéndote, al mismo tiempo, tan mal? No pensé que este tipo de cosas pudieran pasar. Bueno, yo creía que muchas de las cosas que te explicaré en este libro no me iban a pasar. Hasta que pasan.

Así que puede que aquí descubras a una nueva Cristina Pedroche.

¿Qué estoy sintiendo a la vez que todo este amor me está desbordando? Miedo.

El miedo puede ser una herramienta valiosa para escucharnos, tomar decisiones informadas y proteger nuestra seguridad y la de los demás. La definición no es mía, lo dicen especialistas en la materia, a los que he estado recurriendo en los últimos meses para que esta emoción no me paralice.

¿Temes hacerlo, pero sabes que es bueno hacerlo? «Hazlo con miedo» está siendo mi mantra desde que nació Laia, mi niña.

Pero el miedo que te hace reaccionar o del que puedes salir también tiene otra cara que no es demasiado agradable y que a nadie le gusta experimentar. Yo la veo y la siento cada día desde hace algún tiempo. La verdad es que tengo miedo a decepcionarme a mí misma; miedo a no estar a la altura de mis propias expectativas y de la madre que quiero ser.

Miedo a no poder con todo.

Está claro que aquí hemos venido a hablar con total sinceridad, eh.

Así que esta es MI historia. Creo que algunas personas se sentirán identificadas y quizás algunas cosas que yo he hecho —y que sigo haciendo para no perderme— les puedan venir bien. Y habrá quien lea este relato y se convenza de que todos pasamos por momentos malos y tristes (nadie se libra, es cierto); por momentos en los que dudamos de todo y nos dan ganas de tirar la toalla (lo dicho, todos...).

Pero yo he decidido que no hay que rendirse, aunque cueste y aunque parezca que no hay salida. A lo largo de estas páginas comprobarás que llevo tiempo trabajando en mí misma a pesar de todo. Sigo en ello.

No pretendo que este libro sea un manual al uso para encarar momentos difíciles. Es, simplemente, mi testimonio, formado por las lecciones vitales que voy aprendiendo y cada uno de los aprendizajes que he ido sacando en función de mis miedos. Pero también reconozco que, si algunas de mis reflexiones te sirven, me encantará poder ayudarte a salir del pozo (sé lo que es, porque he caído en él).

En este libro comparto lo que a mí me vale. Lo que a mí me ha ayudado y me sigue ayudando, porque todavía estoy en ello. Qué mecanismos voy encontrando para estar un poquito mejor.

No hay fórmulas mágicas, pero sí mucha introspección y amor.

Aunque sea con miedos, hay que tomar las decisiones que nos lleven a donde queremos estar. Pero, para eso, primero tienes que saber lo que quieres, y para saberlo es fundamental conocerte. Supe que debía ponerme manos a la obra por mí misma, aunque me costó. Bueno, en realidad me sigue costando. Me dije:

Hazlo con miedo

«Sé valiente».

Mirar nuestro mundo interno y escucharlo no es algo que quiera hacer todo el mundo, pero es un paso indispensable.

Tenemos que buscar la solución a nuestros problemas por nosotros mismos. Y este es el camino que yo he emprendido para conseguirlo. Ojalá pueda ayudarme y, con suerte, a ti también.

2

EL ORIGEN DE MIS MIEDOS

¿Por qué siempre he sido tan miedosa? ¿De dónde me nace ese temor? Creo que es porque siempre he tenido miedo a ser *normal*.

Deja que me explique, porque, dicho así, se puede entender mal.

Digamos que, desde niña o, como se suele decir, *desde que he tenido uso de razón,* he querido avanzar como la que más. En el colegio siempre quería estudiar más de lo necesario. Si me decían que tenía que aprenderme la tabla de multiplicar del dos para el día siguiente, yo me aprendía la del dos, la del tres y la del cuatro. Hasta la del cinco.

Me decía:

«Ya voy preparada, por si acaso».

Más que competitividad, pienso que era como una especie de obsesión por que todo fuese perfecto.

Lo sabemos todos: la perfección no existe.

Ya, pero mira que nos empeñamos en precisamente lo contrario, ¿verdad? En lograr que todo sea perfecto a pesar de lo frustrante que puede ser no conseguirlo.

Pues ahí estaba yo, siendo una niña aplicada. Reflexionando años después, he visto que tenía miedo a quedar mal, a que me pillasen en un renuncio, a que me dijesen que no estaba preparada. No me gusta quedar en evidencia. Y mi nivel de exigencia hacia mí misma siempre ha sido bastante alto. De hecho, a día de hoy me sigue gustando estudiar, formarme, leer, saber más sobre algunos temas. Siempre estoy haciendo algún curso que me interesa. Y sé que tengo facilidad para memorizar y recordar.

Pero, al crecer, me he dado cuenta de que no puedo ser experta en todo ni tener una opinión formada de todo, porque es imposible abarcar tanto. ¿Lo hago por demostrar algo a los demás? Tal vez también haya algo de eso en mi forma de ser. Todos queremos agradar, sentirnos queridos... Somos seres sociales y no estamos solos, por mucho que nos apetezca.

Creo que la esencia de esa actitud mía que ya dejaba entrever de niña tiene mucho que ver con mi afán por superarme y dar lo mejor de mí. Intento ver el lado positivo de ese impulso por mejorar.

Mis padres me decían: «Tu estudia para un diez, porque si lo haces, a lo mejor sacas un nueve o un ocho, que está muy bien. Pero como estudies para un cinco, igual te quedas con un tres. Entonces, ¿cómo te sentirás?». Qué palabras más sabias… Siempre he sido así. Querer saber más es parte de mi personalidad. Buscando el diez. O, al menos, lo intento.

Reconozco algo de mi forma de ser que no es demasiado gratificante, porque también me empeño en otro imposible: tenerlo todo bajo control, aunque sepa que hay cosas que no se pueden controlar. Imagínate si a mi autoexigencia se le añade la imposibilidad de controlar determinadas situaciones, como me pasa ahora. El resultado te puede llevar a la ansiedad.

Llevo ya muchos años meditando, cuidándome y teniendo muuuuucha paciencia, porque la Pedroche de antes no era una persona paciente. Esa era una de las cosas que no me gustaban de mí. Nada. Pero costaba frenarme.

Lo confieso: odiaba no tener paciencia y odiaba ser tan ansiosa.

Pero diré algo que también me favorece. No todo van a ser reproches... Que alguien diga que yo no puedo hacer algo me motiva. La verdad es que no hay nada que me motive más. El «no, tú eso no...» se convierte en un «vale, pues yo más». Será, tal vez, porque llevo muchos años en *esto*. Me refiero a la fama o a estar en el foco de muchas críticas dañinas. Hay que prepararse para plantarles cara, conectar con nuestro poderío interno y decir «pues hasta aquí». Aunque de este tema te hablaré un poco más adelante, porque ser famosa conlleva muchos temores que siguen arrollándome muchas veces.

Sé que sentirme de una forma u otra depende del momento y que eso puede activar el botón del miedo. Hay días que vas por el mundo sintiéndote muy arriba, con más energía, más segura. Cero miedosa. Pero hay otros en los que te notas un poco más bajita... Como yo ahora. Creo que ya te lo ves venir, pero sí, llevo meses sintiéndome así. Con el botón del miedo casi siempre encendido.

Lo que más me preocupa es fallar. Eso de hacer todo lo posible para no fallar a la gente también es una cosa muy mía. Siempre he querido *estar* para los demás. No ser complaciente, sino estar ahí siempre que me necesiten.

Pero ahora, con este posparto tan complicado que estoy teniendo, me siento mal porque pienso que no estoy cuidando a mucha gente a la que quiero. Me siento mal porque no puedo estar presente para ellos ni tener los detalles que me gustaría. No hablo de regalos, hablo de compartir tiempo o destinarles ese cariño y esa atención que hasta ahora no podían haber echado de menos de mí.

No voy a pedir perdón, pero sí me gustaría que no lo tuvieran en cuenta. Porque ahora mismo quien me necesita es mi niña. Las amistades tendrán que esperar. Las que lo entiendan sé que esperarán; las que no, volarán. Sé que no puedo obligar a nadie a que siga ahí y se mantenga a mi lado. No los juzgo. Antes yo tampoco era capaz de ponerme en la piel de una madre. Creía que algunas cosas eran impensables, una exageración.

Creía que a mí no me podría pasar.

Pero el amor por una hija es tan ciego que no ves más allá, y la maternidad lleva al límite tus emociones. Transitas por la tristeza, la alegría, la culpa y el amor más puro. Todo a la vez, dejando la puerta abierta a muchas más.

En mí hay un cúmulo de sensaciones que han ido y siguen yendo de la mano del miedo.

3

EL DÍA QUE MI VIDA CAMBIÓ

Queríamos formar una familia. La nuestra.

Mi marido y yo llevábamos intentándolo desde antes del verano, pero sin presionarnos. Si el embarazo se daba, perfecto. Si no, pues no tenía que ser. El primer test que me compré fue en Italia, aprovechando que estaba allí con Dabiz por trabajo y pude ir a una farmacia. En España me moriría de vergüenza al entrar a comprarme un test de embarazo y que alguien pudiera verme y contarlo. Es que ni mis padres sabían que lo estábamos intentando. Así que lo compré fuera y esperé a regresar para hacerme el test en casa. Aquel día fue el 24 de octubre de 2022, el aniversario de nuestra boda. No doy puntada sin hilo jamás. Dio negativo.

Confieso que en ese momento pensé que quizás no podría ser madre nunca. Fue bastante decepcionante. Yo me decía que lo estábamos intentando, restándole importancia, como si fuese un juego, pero para mí no era así, yo esperaba que ese test fuera positivo. Y me llevé una desilusión.

Me dije:

«Vale, a partir de ahora con precaución, porque el embarazo se juntaría con *Las campanadas*».

No quería estar preocupada en el peor momento de estrés del año. Siempre necesito estar superconcentrada en esos meses y, ya que el resultado había sido negativo, prefería dejarlo para enero, porque estaría más tranquila.

Así que seguí haciendo vida normal, llegó mi cumpleaños y nos fuimos de viaje a Londres. Pero allí ya comencé a sentirme *distinta*. Un día brindamos con champán y, de repente, no me apetecía y comenzó a darme mucho asco el alcohol. Pensé:

«Tal vez estés algo revuelta, Cris».

Como aquello eran señales que podían significar otra cosa y el test de embarazo había sido negativo, seguí adelante con todo lo que tenía programado para esas fechas. En noviembre nos fuimos a México. Recuerdo especialmente aquella estancia porque allí me noté excesivamente cansada, con ganas de vomitar, no quería ni ver el tequila ni el mezcal —con lo rico que está allí—, incluso el olor del café me revolvía. Pensé, de nuevo, que podía ser cosa del *jet lag* o del estrés. Pero al regresar seguía estando *asquerosa* perdida.

Y entonces llegó *ese* domingo. El 20 de noviembre de 2022. El día que mi vida cambió.

«De verdad que estoy muy cansada, me muero de sueño y todo me da náuseas. ¿Y mis tetas...? Tengo unos bultitos negros en las areolas, qué cosa más rara...».

Al poner todas aquellas señales juntas en mi cabeza, terminé preguntándome:

«¿A ver si voy a estar embarazada?».

Pero callé. No dije nada ni compartí esa idea que empezaba a bombardear mi mente.

Dabiz y yo estábamos solos en casa. Él se fue a correr, y yo se suponía que me quedaba durmiendo. Quería descansar antes de que llegasen unos amigos con los que habíamos quedado para comer una paella. Pero ¿cómo podía dormirme? Me quedé pensando en lo que justo necesitaba en ese momento:

«¿Cómo consigo ahora un test?».

Pues pedí un Glovo.

Compré dos pruebas. Una que te dice si estás embarazada o no y otra que te informa de las semanas. Metí unas cremas, un desmaquillante y otras cosas más para disimular un poco el pedido. Cuando se acercaba el repartidor de Glovo ya estaba histérica. Como no quería que me reconocieran, me puse una gorra y unas gafas de sol para salir fuera y recogí el pedido rápidamente.

«¿Espero a Dabiz o no? Si es que va a ser que no... Va, me lo hago sola, porque me dirá que cómo va a dar positivo, si el otro salió negativo y desde entonces habíamos tenido relaciones con protección...».

Leí otra vez las instrucciones —que ya me sabía del primero, pero tenía que estar segura al cien por cien, muy propio de mí— y me lo hice de nuevo.

Segundo test: embarazada.

«A ver, Cris, que hay que esperar unos minutos...».

Espero.

Embarazada, otra vez.

Cojo el móvil para llamar a quien ya puedes imaginarte. No podía creérmelo.

—Dabiz, ¿te queda mucho para volver?

«No se lo voy a decir así sin más...».

—Pues es que se me acaba de subir el gemelo y no puedo correr. Estoy un poco retirado de casa...

—Cógete un taxi.

—No, a ver, he hablado con estos y pasan a recogerme [nuestros amigos], que están de camino.

—No, ven tú antes. Ven corriendo.

—Pero qué pasa...

—Que vengas a casa...

—Pero ¿por qué?

—Que me he hecho un test, Dabiz. Y ha dado positivo.

—¿Covid?

—¡Embarazo!

—¡Pero qué dices! Cómo...

—Que sí, pero no sé, igual me lo estoy haciendo mal... —Autoengaño.

Hasta que él llegó, estuve dando vueltas sin parar por el jardín. Nerviosa. Procesándolo todo en mi cabeza. Cuando Dabiz apareció, lo hizo con nuestros amigos.

—Joder, Pedro, qué mala cara tienes... A ver si vas a estar embarazada.

Sí, me lo dijeron en broma, pero Dabiz y yo nos miramos sabiendo que teníamos información extra. Es más, estaba como paralizada.

—Si piensas que estás embarazada deberías hacerte un test —sugirió mi amiga al verme la cara.

—¿Otro? —dije.

No sabíamos si estábamos contentos o no, porque estábamos en *shock*. Tampoco sabíamos si era verdad o no. El primero salió negativo... y este, no. ¿Cuál era el que debíamos creer?

Terminé haciéndome la otra prueba, claro.

Tercer test: embarazada. Y de más de cinco semanas.

Así que ya estaba embarazada cuando me hice el primero. Pero desde el negativo hasta ese positivo hice todo lo que no debía hacer.

Había comido pescado crudo.

Había probado el alcohol.

Me hice ¡un tatuaje!

...

Ese día me agobié. Todos querían brindar. Pero no sabía si esa noticia se estaba dando en el mejor momento de mi vida. El estrés que vivo a mediados de noviembre es horrible. Admito que aquel día no estaba contenta.

Por la noche, cuando Dabiz y yo nos quedamos solos, necesitaba desconectar de todo. Nos pusimos una peli que sonaba para los Goya. Yo tenía muchas ganas de verla. Nunca leo las sinopsis y evito que me cuenten nada sobre el argumento de las películas que quiero ver para que nadie me las chafe y disfrutar de ellas sin prejuicios... Pero sobre esta sí que me habría venido bien saber algo: *Cinco lobitos*, un drama muy realista y emotivo sobre la maternidad. Cuando vi a Laia Costa en ese papel de una mujer embarazada que tiene una niña, que empieza a discutir mucho con su pareja, que no sabe muy bien cómo hacerlo y tiene muchos problemas con el bebé... Demasiada información y demasiadas casualidades para el primer día.

Dormí fatal.

Al día siguiente acudí a la consulta de mi ginecóloga. A las 8:20 horas ya estaba allí. Cuando me hicieron la ecografía y escuché el latido del bebé... me puse a llorar de la emoción. Me di cuenta de que era REAL. Sí, estaba embarazada.

Y entonces empezó la locura.

«¿De verdad yo quiero ser madre? ¿Estoy preparada? ¿Es buen momento? Ahora que tengo *Las campanadas,* ¿qué hago: lo cuento o no lo cuento?».

Tenía clarísimo que iba hacia delante con el embarazo, por supuesto.

Tras aquella confirmación ya me sentía madre.

Pero las dudas sobre cómo lo soportaría todo me invadieron. Es que la noche de fin de año no es llegar al set del directo en la Puerta del Sol, ponerse el maravilloso vestido que han diseñado de forma especial y ya. Hay toda una preparación de meses y mucha gente implicada. Yo, la primera.

¿Cómo iba a explicar a mi equipo que mi cuerpo cambiaría sin contarles que estaba embarazada? Ellos saben que, en diciembre, el mes del año en el que más trabajo, es cuando más adelgazo. Normalmente, es un fastidio para el diseñador o la diseñadora, cuando se acerca el 31 de diciembre y el vestido lleva ya meses hecho, tener que hacer arreglos, porque me quedo consumida por el estrés y los nervios, y el vestido me empieza a quedar grande. Pero ese año los cambios iban a ser muy diferentes.

Si yo ya estaba nerviosa con el positivo de mi embarazo, peor me puse después. Porque no fue la única noticia. Tres o cuatro días después empecé a sangrar. Fui de nuevo a la ginecóloga con muchos nervios, con muchos miedos de que al final mi embarazo no siguiera adelante. Me asusté mucho.

Fue cuando realmente me di cuenta de que quería al bebé con toda mi alma.

A pesar de la angustia por la que estaba pasando, mi vida no se frenó.

Nos fuimos a Toledo, porque se celebraba la gala de las estrellas Michelin y le dieron una más a Dabiz por RavioXO. Era la cuarta estrella para él y la primera para un restaurante que llevaba abierto apenas medio año. Imagínate lo que supuso para él y para todo nuestro equipo. Para todo el mundo aquello fue una fiesta, pero no tanto para mí. Yo, entonces, estaba manchando, escapándome al baño a llorar y pensando que estaba perdiendo al bebé. Por suerte, no fue así. Tenía el cuello del útero un poco más sensible y eso me hacía sangrar, pero no pasaba nada grave. Al bebé no le afectaba.

Aunque no influyese en la salud del bebé ni en su supervivencia, empezaron a desencadenarse con más fuerza aquellos miedos iniciales. Porque luego vinieron más.

Ya sabes que el primer miedo fue a perderlo y a que el embarazo no saliera adelante, a que el bebé no estuviera bien. Cuando me decían «puedes hacerte una prueba para conocer las posibilidades de un síndrome o enfermedad rara», allí estaba yo. Me hice todas las pruebas habidas y por haber.

Porque TODO me daba miedo.

Pero hubo algo más que nos afectó muchísimo: lo más íntimo de mi vida me lo jodió una revista. Y aquello alimentó, todavía más, mis temores.

4

SIN INTIMIDAD

Una revista hizo público mi embarazo antes que yo. No habían pasado ni siquiera las doce semanas de rigor, ese margen más seguro que se da en los embarazos para poder contarlo con más tranquilidad y sin temer que pueda pasarle algo al bebé o a la madre en cualquier momento. De alguna forma, sentí que había perdido esa red de seguridad.

Entonces se me acentuó el MIEDO.

No lo había sentido así hasta que la situación se descontroló. Alguien que no fuimos nosotros —ni Dabiz ni yo— decidió que tenía derecho a contar que yo estaba embarazada. Sin preguntar, sin precaución, sin respeto y sin pensar en ningún caso en las circunstancias ni, por supuesto, en las consecuencias.

El 28 de diciembre de 2022 publicaron unas fotos mías mientras estaba en el hospital con un vasito de orina en la mano. Fue horrible. A veces, hablando con mi psicóloga, le digo que bastante bien estoy después de haber vivido cosas así...

Como tenía sangrados, no se lo había contado a mi tía ni tampoco a mis primos. No se lo había contado a muchas de mis amigas. En el trabajo tampoco lo sabían. Y se enteraron por una revista. Y, además, trataron la noticia de una forma muy fea, como si yo fuese a usar mi embarazo para *Las campanadas.* Y era todo lo contrario.

Sentí por primera vez que algo no estaba bajo mi control. Nos hicieron mucho daño y nadie se paró ni dos segundos a pensar que no era una marioneta, que era una mujer que estaba embarazada por primera vez y que ni siquiera había pasado el tiempo prudencial para poder —en caso de querer— comunicarlo con cierto recelo.

Yo no quería que la noticia de mi embarazo se publicara. Me habría encantado elegir el momento para contarlo. Supongo que hay quien pensará que esto va en mi sueldo... Pero nunca firmaría un contrato en el que me obligaran a contar nada de mi vida íntima.

Sentía que todo había empezado mal. Comencé a querer protegerme a mí misma, a ocultar ciertas cosas, a intentar que no se me notase la barriga. Lo que debería haber sido algo bonito y festivo no lo fue tanto. Porque tuve que estar dando muchas explicaciones desde el día 28 de diciembre. Y más cuando nunca he vendido mi vida privada, y nunca lo haré. Si cuento mis cosas, las publico en Instagram porque me apetece, pero no doy exclusivas. Dabiz y yo somos muy celosos de nuestra intimidad.

Enseguida tuvimos que soportar un aluvión de críticas que usaron el evento de las campanadas como arma. Decían que yo iba a utilizar el embarazo para hacer audiencia, cuando lo que realmente estaba pasando era que *ellos* pensaron que el embarazo y las campanadas eran el cóctel perfecto para el titular del año. No quería que el día 31, al quitarme la capa, todo el mundo se fijase en la tripa, si verdaderamente tenía o no.

«Entonces, ¿estará la Pedroche embarazada?».

Me parecía muy sucio. Así que el día antes de Nochevieja, Dabiz y yo subimos una foto a redes contándolo y diciendo que sí, nos habían jodido la mejor sorpresa de nuestra vida. La gran noticia.

Me dolió, porque yo hubiera esperado mucho más; a que mi embarazo fuese superevidente. Pero nos pasó algo similar a cuando Dabiz y yo empezamos. Había rumores. Por tanto, también subí una foto diciendo que sí, que estábamos juntos y éramos pareja. Dicho quedaba. Era la forma de poner freno a más habladurías y a que nos persiguieran por la calle.

Un apunte: me pone nerviosa que me sigan. No me gusta nada. Y a Dabiz todavía menos. Tal vez la gente no lo crea, pero os puedo asegurar que llevo una vida bastante tranquila.

Me hubiera gustado contarles a los míos que estaba embarazada a mi manera, pero no pudo ser. Eso también desencadenó en mí bastantes miedos, porque temía no controlar mi propia vida, que la gente pudiese explicar cosas de mí sin que yo pudiera contarlas antes. Además, se lanzaron a hablar de mi embarazo sin saber si era cierto. ¿Y si había tenido un aborto? ¿Y si en el momento de las fotos estaba embarazada, pero cuando salieron publicadas ya no? Ni siquiera llamaron para preguntar si era verdad. Me dolió.

Siempre digo que soy muy transparente, tanto como mis vestidos de *Las campanadas*. Soy una persona a la que se la ve venir, para bien y para mal. También sé que despierto emociones extremas. Te puedo gustar mucho o me puedes odiar mucho. Por eso me costó sobrellevar la noche del 31 de diciembre de 2022. No es que me sintiera transparente, es que noté los ojos de toda la audiencia atravesándome, criticándome, juzgándome.

No me ayudó que me forzaran a hacer público mi embarazo cuando yo no quería decirlo. Para mí, *Las campanadas* es un programa de entretenimiento en el que mi meta, todo lo que quiero conseguir, es que la gente se lo pase bien en sus casas y se distraiga, que ya sabemos que algunas cenas en familia pueden ser algo tensas en Navidad. Sé que, cuando me quito la capa, todo el mundo está esperando el vestido, pero en esa ocasión esperaban el vestido y la tripa.

El morbo.

Además, se dio una casualidad simbólica: con el vestido de aquel año, que homenajeaba a los refugiados con una capa y una escultura con forma de paloma de la paz hecha con papel de periódico reciclado, se veía muchísimo la tripa. Tuvimos que ir cambiando el diseño en función de cómo iban sucediendo las cosas, porque el vestido iba a dejar al descubierto la mayor parte de mi vientre. «No me siento muy segura enseñando la parte tan baja... Mejor hasta el ombligo», insistí sin que supiesen lo mío. Engañé a todo mi equipo. Yo me notaba cada vez más hinchada. Normalmente, cuando se acerca esa fecha, se me cierra el estómago de los nervios, pero en esta ocasión era todo lo contrario. Tenía hambre a todas horas. Justo antes de empezar la sesión de fotos de los días previos al 31, me comí un bocata de tortilla francesa. Mi equipo flipó. Después me confesaron que en ese momento pensaron que o me estaba muriendo o estaba embarazada. Ahora miro las fotos y me digo:

«¡Si era una tripilla!».

Pero, de nuevo, la vivencia de cada una es suya. Solo de una. Y yo me sentía muy vulnerable.

En el momento en el que me quité la capa pensé: «Dios mío de mi vida, ya está...». Tenía que fingir que todo marchaba bien. Sonrisas, palabras bonitas, alegría de fin de año, fiesta... Pero estaba cagada, no quería que me mirasen la tripa. Cuando llega el día solo quiero que tú, si me ves, te quedes con el *show.*

Te confesaré algo. Es un truco que utilizo para sentirme poderosa: muchas veces me gusta imaginarme que soy Beyoncé cuando sale al escenario, esa artistaza que lo da todo en un espectáculo por todo lo alto. ¿Quién no se imagina ser alguien a quien admira para inspirarse y conectar con sus fortalezas? Aviso a los *haters:* obviamente no lo soy, solo digo que me gusta imaginar que la última noche del año saco la energía de una Beyoncé ante su público. Pero ese día no fui ni una sombra de aquella inspiración. Disimulé la alegría del momento, porque mostraba algo que no quería enseñar: mi vulnerabilidad. Si hubiera podido, habría dado marcha atrás despidiendo el año con otro vestido. Pero aquello no solo era imposible, sino que echaba por tierra el trabajo que habíamos realizado hasta entonces.

«La Pedroche tiene mucha tripa».

«Tiene poca para estar embarazada».

«¿Pero realmente lo está?».

«A ver, estando embarazada, ¿cómo es que va medio desnuda?, ¿qué quiere enseñarle a su hijo o a su hija?, ¡menudo ejemplo!».

«Qué irresponsable, pasando frío, menudo vestido para una embarazada...».

Es agotador.

No sé si me creerás, pero a mí las audiencias de esa noche me importan bien poco. Lo que quiero es el cariño de la gente, que le guste lo que hago, que descubrir el vestido de la Pedroche sea motivo para pasárselo bien y que si me critican sea de una forma constructiva. Tal vez es que tengo unas expectativas superaltas, ¿verdad?

Diciembre y enero son meses muy duros por el estrés y el ruido que se genera a mi alrededor. Lo asumo y lo lucho. Pero lo digo sin filtros: aquel año mi actitud era una mierda. Algo que se repitió, en cierta forma, la última vez. Cuestionando, además, mi delgadez.

En *Las campanadas* de 2022 me sentía supervulnerable: aunque me daba muchísimo miedo que algo pudiera afectar al bebé, tenía a mi hija dentro de mi cuerpo y en el fondo sentía que así la estaba protegiendo, que yo era su armadura.

El año pasado Laia ya había venido al mundo y mi físico podía mostrar (o no) las consecuencias de aquel maravilloso acontecimiento. Aun así, mi cuerpo volvió a estar en el foco. Porque para algunas personas no puedo estar gorda, pero tampoco delgada. Las críticas, una vez más, no cesaron y, aunque yo no quería leer nada, terminaba enterándome.

Todo lo que hago se cuestiona y se juzga sobremanera.

Es una putada.

Cuando me critican a mí y me critican por mi profesión, puede afectarme más o menos. Llevo muchos años en esto y tengo la piel dura. Todas las mañanas me echo vaselina en grandes cantidades —es un decir— para que las críticas me resbalen.

Pero, en aquel momento, sentía que al atacarme a mí también estaban atacando a mi hija. Porque mi cuerpo es su refugio, un lugar maravilloso que le da calor, protección, comida, amor... ¿Qué más da cómo sea físicamente si puedo darle todo lo que ella necesita? Mi cuerpo también es de ella.

5

HUIR O ENFRENTARSE

Creo firmemente en dos maneras de enfrentarse al miedo: plantarle cara o esquivarlo.

¿Realmente es indispensable que tenga que enfrentarme a ese miedo en concreto? ¿Lo que me da miedo es algo que, de entrada, puedo evitar? Porque algunas veces nos obcecamos en afrontar situaciones que nada nos aportan y que no resultan imprescindibles para nuestras vidas. Si es así, lo más inteligente es pasar de largo. Adiós (porque puedo decirle adiós, claro).

Pero, por el contrario, hay experiencias que sí has de vivir si quieres llegar a tu objetivo. No es complicarse la vida, es que debes pasar por ellas te guste o no. En ese caso no tienes más remedio que ir a por todas y encarar ese miedo. Te pongo sobre aviso: no voy a desvelarte todavía el final de mi historia, porque mientras escribo esto, el final no ha llegado del todo; pero sí voy a decirte que es obvio que ha habido momentos críticos y unos cuantos altibajos. Subidas y bajadas. Cuestas más o menos pronunciadas.

Pero cuando tengas este libro en tus manos ojalá pueda decir que el botón del miedo ya no me funciona y ha dejado de encenderse solo a todas horas.

Sigo.

Yo tenía mucho miedo al parto, empecé a leer y a estudiar sobre el tema para estar formada. Pero no te creas que cogí un par de libros, pedí consejo a alguna que otra conocida y esperé a que en cada una de las revisiones la especialista en cuestión me contase lo imprescindible... No, no. Fui más allá y casi me hago matrona. Siempre he sido muy preguntona... y repreguntona.

Mientras hacía grandes descubrimientos, me dije que debía ir a por todas. Y haciéndolo con miedo. Recuerda el lema del que te hablaba al principio. Es muy difícil desprenderse de una emoción esencial para nuestra supervivencia y que utilizamos muchas veces como protección. Hay peligros reales, pero lo malo es caer en aquellos que son imaginarios y nos bloquean. Aunque soy una persona emotiva, mi parte racional siempre ha tirado de mí, evitando que pierda el norte.

Así que con el embarazo comencé a cuidarme de una forma radical y a sacar fuerzas gracias a esos cuidados.

En cierto modo, estoy entrenada en la disciplina. Creo mucho en ella y también sé que seguir un plan de forma rigurosa es una manera de sentirme más segura.

«Puedes tomarte una taza de café al día».

Pero yo no me la tomaba. Ni olerlo. Nada.

«¿Pescado crudo? Si ha estado congelado no pasa nada...».

No. Ni pensarlo.

«Puedes comer queso si está pasteurizado».

Adiós al queso.

«¿Que cómo quiero la carne? Hecha, muy hecha. Sí, como una suela de zapato, por si acaso».

Un embarazo son nueve meses. «¿De verdad que no puedo vivir sin el jamón serrano?», me decía mi parte más racional. Por supuesto que sí. Me cuidé al extremo porque me daba mucho miedo que le pasara algo al bebé. Yo decía «no» a todo. Al principio, cuando nadie sabía que estaba embarazada, dejamos de ir a muchos sitios y restaurantes para evitar dar ciertas explicaciones sobre lo que comía.

Dejé de salir y empecé a encerrarme más en casa.

Me aferré a mi espacio porque era un lugar seguro. Me centré en mimarme, hacer deporte, alimentarme bien y adaptarme a mis rutinas teniendo en cuenta mi cansancio. Pero siempre tuve claro que el agotamiento no podía vencer mis ganas de cuidarme. Mi embarazo estaba siendo sano y con el nivel de energía que se esperaba. Sí, estaba cansada, pero es que estaba creando a un ser humano dentro de mí.

Navegaba por un cúmulo de sensaciones, esperanzada, aunque el temor permanecía siempre como un mar de fondo. Aun así, lo soportaba. Y fui haciendo. Me dejaba llevar. Figuradamente, estaba adentrándome en un terreno desconocido, pero en mi propia casa. Eso siempre hace que todo sea más fácil.

Mi embarazo fue bueno, no tuve ninguna complicación y me lo tomé como lo que era en mi caso: estaba embarazada, no enferma. Alguna vez tenía náuseas, pero nunca llegué ni siquiera a vomitar. También leí mucho sobre posparto y supe que hay mujeres que se recuperan superdeprisa después de parir y otras a las que los efectos les pueden durar incluso cuatro o cinco años. Crucé los dedos para estar en el primer grupo, pero de momento aquí sigo, peleándome con mi posparto, aunque espero que no se siga alargando mucho. Dentro de tanta oscuridad, la luz de Laia es mayor y sé que a la vez me está convirtiendo en un ser superfuerte. Así que sigo con paciencia y amor.

Durante el embarazo, hacía mi vida más o menos normal, pero no bajaba la guardia a la hora de mantener los buenos hábitos. Mi energía fluía. Si un día me levantaba más cansada, me obligaba a entrenar un poco. Aunque fuera más suave, aunque solo fuera andar, porque psicológicamente el entrenamiento me venía muy bien. Logré cierto equilibrio y, ya sabes, me nutría de todo tipo de información para resolver cualquier duda e inquietud que fuese teniendo.

Me di cuenta, todavía más, del **poder de las respiraciones.** Hoy en día sigo refugiándome muchísimo en la respiración. Es como un espacio de calma para mí, para encontrar la paz.

Pero ya venía *trabajada* desde hacía tiempo.

Mi profesora de yoga, Maite, se ha convertido en mi mejor amiga. Cuando empecé a practicarlo, en febrero de 2017, para mí era otra forma de hacer deporte. En cambio, a medida que iba haciendo más sesiones y conociéndola, me di cuenta de que el yoga es una filosofía de vida. Una filosofía que iba a integrar en la mía.

«¿Quieres que meditemos?». Recuerdo que cuando Maite me lo preguntó, la miré con cara de «¿eso no es lo que hacen los *hippies*?». He de ser honesta. Me daba vergüenza el silencio y que me mirasen mientras practicaba aquello de observar el interior de mí misma. Le dije que no. Pero algo me rondaba... Así que semanas más tarde quise intentarlo. Empezamos con una meditación de tres minutos. Luego, de cuatro, de cinco... Y fui avanzando.

Me puse el reto de meditar todos los días durante un año y, al final, estuve dos años y medio practicando a diario.

Lo hacía en cualquier momento y siempre que sentía necesitarlo. Muchas veces meditaba de camino al trabajo, aprovechando cuando venían a recogerme o yo no conducía. Puedes hacerlo en cualquier sitio. Para entendernos, no hace falta que tu espacio de silencio sea un jardín zen. Eso sí, nunca utilizo la meditación para dormir, porque, tras relajarme, esta práctica me activa muchísimo. Meditar es estar presente, es notar qué estás haciendo todo el rato.

Me he dado cuenta de que tenía muchos prejuicios sobre esta disciplina, porque no entendía cómo estando en silencio se puede construir nada. Pensaba que era mejor actuar, ser productiva, hacer cosas. Otra vez la ansiedad y la impaciencia.

Hoy sigo meditando y está siendo uno de los recursos que me ayudan a rebajar la ansiedad de los últimos meses. Tal vez creas que consiste en dejar la mente en blanco. Esta idea está demasiado extendida, pero eso es imposible, porque los pensamientos, invasores, vendrán a tu mente y tratarán de boicotearte. Cuando me viene un pensamiento a la cabeza que no debe seguir estando ahí, primero me doy cuenta de que lo estoy teniendo, respiro, lo borro y lo dejo ir, y soy capaz de volver otra vez aquí, a estar con mi respiración. Y así pensamiento tras pensamiento. No es fácil, es cuestión de mucha práctica. Y cuanta más práctica, más beneficios.

En la meditación no hay una meta, no hay un final. Cada día es distinto; solo hay que disfrutar del camino, que es maravilloso.

Antes de que naciese Laia, yo ya sabía cómo controlar mi ruido interno. Ya me había construido mucho por dentro desde hacía años. Me conozco. **Sé cuándo estoy cómoda, cuándo no lo estoy, lo que me gusta, lo que**

no me gusta, cuáles son mis límites y hasta dónde puedo llegar...

¿Cómo había podido conocerme más a mí misma? Con el yoga, que, al principio, me parecía aburrido, lento y poco provechoso. Cuando me ponía mi ropa yoguini, estiraba el *mat* y me plantaba encima, tenía mucha prisa por conseguir beneficios físicos. Al principio no era capaz de ver que lo que estaba consiguiendo era mental. Pero, con el paso del tiempo, me di cuenta de que estaba teniendo mucha más paciencia en la vida real. Comprendí que meditaba y hacía yoga para conocerme, ver lo que no me gustaba e intentar cambiarlo. Hoy en día no puedo decir que siempre sea paciente, un ser de luz, y que nunca me enfade, pero antes siempre iba estresada. Me subía al coche, conducía y quería llegar ya a mi destino. Puro nervio. Ahora no.

Si has leído hasta aquí, ya sabes lo poco que me gustaba ser así.

Toda esta transformación ha sido un proceso. Creo que llegué al embarazo estando mucho más preparada que otras mujeres que no han meditado nunca o que nunca han mirado en su interior. Si nunca lo haces, si nunca te escuchas, no sabrás lo que verdaderamente quieres. Así es mucho más complicado que sepas qué vida deseas llevar o qué decisiones quieres tomar. Porque, si huyes de ti, no sabrás qué te gusta y cuáles son tus límites.

Asumí que me enfrentaba a un proceso natural y fisiológico que me iba a cambiar la vida. Y me fui mentalizando. Pensaba en qué circunstancias, qué lugar, qué luz y qué sonidos quería que mi hija viese y escuchase por primera vez. Lo tenía todo pensado y logré que fuera como imaginé, alejándome del temor que inicialmente podía provocarme ese momento.

Quería darle el mejor entorno posible, porque sabía que el mejor entorno para mí también lo sería para ella.

Quería que hubiera mucha calma y que naciera con mucha paz. Por eso creo que mi hija ha sido tan calmada. Siempre la he tratado con mucho cariño y mucha tranquilidad.

Sin estrés.

A los demás les transmitimos nerviosismo, al igual que les transmitimos tranquilidad. Mi afán es vivir con toda la calma posible para que mi hija también la tenga. Ahora bien, a estas alturas ya es un terremoto, porque es muy despierta, y muy cotilla, como digo yo. ¡Quiere saberlo todo! Pero es una niña que apenas llora. También me dicen que es porque no la dejo llorar, que siempre estoy para ella y que, ante cualquier señal o gesto de que algo no le gusta, la cojo y le doy cariño. Me lo dicen como algo malo, cuando yo solo lo veo como algo positivo.

En cambio, yo sigo teniendo mis momentos de lágrimas. Al escribir esto ya han pasado ocho meses de su nacimiento. Cuando noto sus dos ojos clavándose en mí, me muero de amor. **Nadie me ha mirado así, con esa pasión. Siento que soy su todo.** La amo a morir. «Quiéreme siempre así, por favor», le digo a menudo.

Hablarle me resulta terapéutico, me llena, pero sigo sin quitarme de encima esa sensación de temor a que le puedan hacer daño que a veces se apropia de mí. Esto es algo que me tortura especialmente y que me cuesta horrores poder frenar.

Y más teniendo en cuenta lo que me pasó después del parto que tanto deseé.

6

PODEROSA... Y HUNDIDA

Creo que el maravilloso parto que tuve fue gracias a toda mi formación previa. No quería dejarme llevar por el miedo, quería disfrutarlo, porque algo dentro de mí me decía que iba a ser una experiencia trascendental.

Sabía que iba a ser el gran día de mi vida.

Siento que todo lo que hice durante el embarazo estaba encaminado a que mi parto fuese el mejor posible. El que yo quería para mí y para mi hija.

No te engañaré, el miedo siempre existió. Pero hay mucha diferencia entre sentir que no puedes controlar nada, que estás a expensas de cómo se dé todo y de lo que te digan, y tomar las decisiones por ti misma.

Y yo tomé las riendas.

Desde que avisé a Dabiz de madrugada, diciéndole que comenzaba la fiesta, pasarían muchísimas horas hasta el nacimiento de Laia. Tantas como veinte. Sabía que iba a ir para largo, pero estaba lista para vivirlo sin ansiedad, sin experimentar tensión, y para sobrellevar el dolor normalizándolo.

Me había preparado durante meses para ese momento, con miles de preguntas con las que bombardeé a las profesionales que estuvieron a mi lado y adquiriendo los conocimientos de las matronas —te lo aseguro.

Ojalá todas las mujeres pudiéramos elegir a las expertas que nos van a acompañar.

No sé si alguna vez has oído hablar del hipnoparto. Gracias a esta técnica, conseguí no solo reconocer si estaba de parto, sabiendo en qué fase me encontraba en cada momento, sino que logré afrontarlo con una mezcla de tranquilidad e ilusión. Aparté el miedo desde el primer instante. Sabía que se podía tener un parto bueno y natural, que dar a luz no debía ser sinónimo de sufrimiento ni un trámite difícil y angustioso.

Admito, también, que mi embarazo, muy sano, ayudó desde el principio. Y también mis convicciones.

Tenía en la cabeza que no llegaría al hospital hasta el último momento y así fue. Las primeras contracciones intensas, olas uterinas para mí, las noté a las 4:30 de la madrugada, ingresé a las 21:30 en el hospital y mi hija nació a las 00:10.

Pude tolerar las contracciones y el dolor siguiendo mis respiraciones, estando en calma sin nervios a mi alrededor, haciendo ejercicios en la piscina de casa... Quería disfrutarlo. No quería dejarme llevar por el pánico, porque sabía muy bien que si entraba en el bucle «miedo-tensión-dolor» las cosas se podrían poner difíciles. En realidad, tenía unas ganas locas de que llegara el parto, no solo por vivirlo, sino por conocer al amor de mi vida. Me daba rabia cuando la gente me deseaba, con cariño, una horita corta. Yo no había estado preparándome tanto para que mi parto pasara en una hora. Lo quería sentir todo y que durara lo que mi hija necesitara.

En el parto, cuando no hay intervenciones farmacológicas que impidan a la madre sentir su cuerpo, la cosa solo es de dos, de la mujer y de su bebé.

También me decían que pediría la epidural en cuanto notara la primera contracción fuerte, y no solo es que no fue así, es que lo disfruté tanto que pariría todos los días. Es una exageración, pero una vez al mes, sí...

Yo, más o menos, sabía todo lo que podía pasar, pero lo que más me sorprendió fue notar mi cuerpo empujando solo. Me pareció supersalvaje y brutal.

El caso es que llegó el momento. Ese en el que le dije a Dabiz que no podía más, que creía que me iba a morir. Había leído que muchas mujeres, en partos naturales, cuando ya están a punto de dar a luz, dicen estas frases inconscientemente y que eso las ayuda a liberar adrenalina y empujar más fuerte. Escucharme decir esas palabras me hizo sonreír, porque me di cuenta de que en breves instantes iba a conocer a mi hija.

En muy pocos minutos llegó mi grito de leona definitivo, cuando sentí el aro de fuego, cuando vi cómo Laia salía de mí y yo la cogía con mis propias manos y me la ponía en el pecho a hacer piel con piel. En ese momento la miré y sentí tanto amor que solo podía llorar y abrazarla.

También noté cómo mi mundo había cambiado en un solo segundo cuando nuestros ojos se encontraron.

Yo también había nacido como madre.

Creo que acompañar a mi hija a nacer ha sido la experiencia más real, más salvaje y mágica de mi vida.

Me sentí totalmente dueña de mi parto, muy conectada a mi escucha interna, guiándome por mi instinto, poniendo filtro a lo externo.

En esa sala, en la que incluso estuvieron mis padres, yo sentía que estaba solo con mi hija.

Como había estudiado tanto, sabía que no había que tener prisa por cortar el cordón umbilical, que debía esperar, que la sangre es del bebé. Así que, por supuesto, hice pinzamiento óptimo del cordón umbilical; después de cuarenta minutos, como el cordón ya estaba totalmente blanco y había dejado de latir, lo cortamos. Luego alumbré la placenta. Ese órgano único que mi cuerpo había creado para dar vida a mi hija. Creo firmemente que cada mujer debería tener el derecho a decidir qué hacer con su propia placenta.

Me sentí pletórica y muy poderosa. Sentía que me podía comer el mundo, que nada me pararía nunca. Todo había ido tal y como soñé.

Pero, al poco tiempo, me vendría abajo.

Esto que voy a contarte todavía no he conseguido hablarlo tranquilamente con mi psicóloga —ya te desvelaré cómo llegué a ella—, porque se me pone un nudo en la garganta, me pongo a llorar y no me salen las palabras. Ella me ha dicho que quizás escribirlo me ayude a que algún día pueda verbalizarlo en alto.

Y por eso lo hago.

«Venga, Pedro, que tú puedes».

Creo que todos mis miedos a que la gente vea a la niña y le pueda hacer daño se multiplicaron el segundo día que pasé en el hospital después de que Laia naciese el 14 de julio de 2023. No voy a decir que necesite pasar página, porque creo que es algo que me ha marcado para siempre, pero sí que me gustaría poder hablar de ello sin que note que me estoy desgarrando; que me están arrancando el corazón.

Estábamos en la habitación esa segunda noche. Los tres solos. La primera crisis de lactancia ocurre al segundo día, se conoce como la *noche de las vacas locas*. Reconozco que el término no me gusta mucho, porque creo que aquí no pintan nada las vacas... En cualquier caso, en esta primera crisis, el bebé se pasa toda la noche mamando y así hace que te suba la leche. Yo lo había leído, sabía la teoría sobre cómo podía ir todo, pero eso no evitó que me asustara y me entraran los miedos. Otra vez. Laia no paraba, yo iba moviéndola de una teta a otra y ella todo el rato pedía y pedía más. No sabía si era porque se quedaba con hambre y no me salía calostro —la primera leche cuando empiezas a dar de mamar— o porque de verdad mi hija necesitaba comer mucho más. Me daba miedo estar sobrealimentándola, pero también me daba miedo no darle teta por si se deshidrataba.

Estaba hecha un lío y muy angustiada.

Recuerdo que nos dieron las cuatro de la mañana y así seguíamos, de teta a teta. Yo exhausta, porque casi no había dormido nada en esos dos días. Aunque el parto había sido una experiencia mágica, mi cuerpo estaba agotado. Era necesario recuperarse y el cansancio estaba siendo como una bofetada a un estado emocional algo *bajito,* ya me entiendes.

Sentía que no podía más.

Me aterraba darle teta, pero también no dársela. No sabía qué hacer. Me sentía perdida.

Y, en plena crisis, empecé a escuchar unas voces del exterior. Había dos mujeres en la puerta de la habitación diciendo cosas horribles sobre mí, sobre mi parto, sobre mi hija... Poniéndonos verdes a mí y a Dabiz porque no nos soportaban, les caíamos mal. No solo resultaba incomodísimo, sino que la cosa se fue poniendo cada vez más fea. Más insostenible. Dabiz tuvo que salir demostrando la educación que ellas no habían tenido en ningún momento. Callaron.

Aun así, el daño ya estaba hecho. Me hicieron sentir muy pequeña, muy vulnerable...

Cuando empezaron a criticar a la niña, pensé:

«Qué pena ser hija de la Pedroche».

Me hundieron.

Pero también a raíz de esa mala experiencia salió la leona que soy. La mamífera que descubrí en el parto que podía llegar a ser. Me reafirmé en la idea de que nadie vería a mi hija. Ni una mano, ni un pie. Me daba y me da pánico que alguien la pueda lastimar. Todo esto me llevó a que me costase muchísimo más salir de casa. Digamos que ese espacio seguro que había ideado me atrapó de alguna forma. Sí, con todas las comodidades posibles, pero pensar en salir de él, con el miedo a lo que me podía encontrar fuera, me angustiaba. Los primeros días de vida de Laia solo quería estar encerrada con ella y que no viniera nadie.

Mi mayor miedo es no poder calmarla, no darle lo que necesita.

Ese es el mayor miedo que tengo ahora, que enferme, que le pase cualquier cosa y no poder remediarlo. Aquella fatídica noche tuve la suerte de recibir los consejos de Alba Padró. Ella es una asesora de lactancia muy reconocida y una de las creadoras de LactApp, una aplicación gratuita dedicada a la maternidad y la lactancia. En ese momento todavía no era mi amiga, como ahora, pero sí una profesional en la que confiaba al cien por cien. Me estuvo ayudando y pude amamantar lo mejor posible a mi hija.

Ahora, lo que busco es estar siempre para ella y dárselo todo. Hace poco se despertó a las tres de la mañana. Había comido a las dos y no podía tener hambre; aun así, le ofrecí la teta y la rechazó. Comenzó a llorar con los ojos cerrados; estaba dormida y supongo que soñando. La intenté coger y se separaba de mí. Quería darle cariño, abrazarla, que supiera que estaba ahí. Tardó en quedarse tranquila y volverse a dormir. Yo ya me quedé desvelada pensando en que no había sido capaz de darle la paz que necesitaba tan rápido como yo hubiera querido. Que no le estaba llegando mi cariño para quedarse tranquila. Le pedí perdón por no haber sabido calmarla antes. Sé que no voy a tener todas las soluciones para ella y eso me agobia muchísimo.

Confieso otro de mis miedos más acusados y que se disparó durante esa noche horrible: la gente mala y su toxicidad.

Vivimos en una sociedad un poco..., llamémosla *regular.* Me da un poco de vértigo que algunas cosas puedan afectarle a Laia más de la cuenta. Mi gran temor es que la ataquen utilizándome a mí. De entrada te digo que me da igual lo que digan de mí. A ver, no es que me dé igual, porque verás que también me afecta, sino que me da igual en el sentido de que sé lo que soy y puedo enfrentarme a ello. Soy adulta y al final una se acostumbra. Quiero protegerla todo el rato y por eso no quiero mostrarla en redes sociales. Y no quiero porque se dicen y se hacen cosas muy feas con la imagen de los demás sin medir las consecuencias.

Cuando di a luz, los paparazis estaban a la salida del hospital. Incluso algunos se colaron con cámaras escondidas en los bolsos para ver quién venía a verme e intentar llegar a mi habitación. Yo estaba agotada, con el ánimo muy tocado, y la perspectiva de una sobrexposición mediática me generaba una angustia extra. Desde el hospital nos ayudaron a salir por otro lado para que no nos viera la prensa cuando ya nos íbamos a casa. Me sentí fatal por hacer eso, pero no encontré otra solución. Yo siempre los he atendido en todos los momentos de mi vida, pero sabía que con la niña no podía. Me sentía demasiado frágil. Solo quería llegar a nuestro hogar y no salir de ahí.

Hicieron guardia en mi casa y permanecieron en la puerta todos los días. No quería ni asomarme fuera para evitar cualquier foto o pregunta. Finalmente, semanas después, cuando ya me encontré algo mejor, decidí salir a dar un paseo con la niña en el fular de porteo, porque parecía que se habían cansado de mí y ya no estaban. Pero no, había dos coches y una moto en la calle y nos hicieron unas fotos. Nos captaron desde lejos, siendo respetuosos, pero hicimos el paseo mucho más corto, porque me empecé a encontrar mal y volvimos a casa. Solo se vieron sus piececitos.

Yo, por mí, seguiría encerrada con ella hasta los veinte años. ¿Te imaginas? Está claro que exagero y que no sería una manera realista ni efectiva de vivir. ¿Qué me hace pensar algo tan extremo? Ahora Laia no es consciente, pero cuando se entere, cuando vaya al colegio y le digan algo de mí... Se me hace difícil pensar cómo podremos gestionarlo en casa. Obviamente, tenemos recursos como padres y personas sensatas que somos. Pero es imaginármelo y que me entren todos los males. El botón del miedo se enciende, otra vez.

Más bien, se dispara.

Sé que hay gente buena, que no todo el mundo critica ni habla mal de los demás. He conocido a personas maravillosas a través de las redes sociales, personas que me dan las gracias y me animan a seguir, pero también recibo mucho odio, amenazas y acoso. ¿Qué pensarías si cada semana te llegase una imagen manipulada de ti haciendo cosas ofensivas? No voy a ser más específica. Con esto de la inteligencia artificial ha habido un montón de vídeos y fotos muy desagradables que parecían reales. No quiero que tengan una foto de mi hija y que puedan manipularla y hacerle lo mismo a ella.

Sé que no puedo anticiparme tanto y que pensar en escenarios catastróficos no me ayuda.

Pero me da pánico y se me revuelve todo nada más pensarlo.

7

DEMASIADO PARA MÍ

Le ha pasado a más gente. No soy la única, lo sé. Pero me sucedió a mí y todavía no me lo he perdonado. No me consuela que sea *algo que puede pasarle a todo el mundo*. La noche de las vacas locas me marcó y supuso un antes y un después en mis miedos.

Hubo aún otro suceso que los volvió a multiplicar.

Por entonces, Laia tenía solo dos meses y medio, y yo, un cansancio acumulado, enorme, grandioso, del que todavía hoy no me he librado. Aquel día, mi intención era ponerla a la teta y que ella se quedase dormida. Se me ocurrió —tremenda idea— echarme en la cama mientras le daba de mamar y ella terminaba por quedarse rendida. Algo que no siempre funciona. Y que ese día no funcionó.

Nuestra cama y todo lo que hay alrededor es un fortín lleno de cojines y un espacio supuestamente protegido.

Empecé a cerrar los ojos y no pude evitar dejarme llevar por el agotamiento.

El problema fue que la única que se quedó dormida fui yo.

A veces creo que mi leche es como una bebida energética. Esto lo sé ahora, lo he aprendido meses después, porque ese día te juro que pensaba que se iba a dormir. Como tampoco fui muy consciente de mi nivel de energía y de que, si el cuerpo te pide descanso y te acomodas, seguramente termines rindiéndote.

Mientras todo marchaba bien, Laia estaba encima de mí... hasta que dejó de estarlo. Sé que la agarraba con mis dos manos, abrazándola, pero mi sueño aflojó ese empeño mío de mantenerla conmigo. Cuando instintivamente abrí los ojos, sentí que se me iba la vida con ella al notar que se me escurría y que no me daba tiempo a cogerla.

Mientras lo describo ahora, me pongo nerviosa otra vez.

Me sentí la peor madre del mundo por quedarme dormida. Su cuerpecito se había deslizado entre la cama y la cuna colecho. Mi sensación de alerta no fue lo bastante rápida. No se me quita la imagen de ella llorando, tan pequeña, en el suelo.

¿Cómo había sido capaz de quedarme dormida? ¿Qué tipo de madre era, que permitía que sucediera algo así? No paraba de fustigarme y, además, en mi mente se dispararon ideas apocalípticas que me bloquearon. Pensé en lo peor de lo peor. Por suerte, no estaba sola en casa. Cuando Dabiz entró en la habitación alertado por el llanto de Laia y mis nervios, yo era incapaz de hablar y contestarle. Ella llorando, yo llorando, y Dabiz, confuso, aunque tratando de mantener la calma, se sentó en la cama e intentó tranquilizarnos.

Pero yo no podía explicarme ni decir nada. Cuando vivo las emociones de una forma muy intensa, siempre se me van a la garganta. Y la consecuencia es que me quedo sin voz. Instantes después, que me parecieron eternos, fui capaz de hablar. Había leído un millón de veces que, aunque el golpe fuese pequeño, debíamos ir a que la viese un médico. Y eso hicimos.

«Soy la peor madre del mundo. No estoy preparada para esto. Es demasiado para mí. Me la van a quitar. Ya está, hasta aquí he llegado: dos meses. Me muero».

Imagínate: mi cabeza no paraba de llevarme de un pensamiento horrible a otro peor. Súmale a esa actividad mental la angustia de pensar que a Laia le había pasado algo (culpabilidad máxima) o le podía haber pasado (miedo y angustia por anticipación).

Por suerte, Laia estaba bien. Ni un chichón, ni un rasguño. Nada. Y tuvimos la suerte, también, de encontrarnos en el hospital a una doctora encantadora. La voz de alguien experto y profesional que empatice contigo en los momentos más bajos y terribles de tu vida también es terapéutica. Aunque, en esos instantes, yo siguiese culpabilizándome.

«Es muy común, le pasa a mucha gente. No os preocupéis, porque la niña está bien. No le ha pasado nada. Si la coges, la acomodas en tu pecho y mama... De verdad, ¡está bien!», nos dijo. Mi rostro podía transmitir que en parte estaba encajando lo que nos decía. Pero yo iba pensando, autoconvenciéndome de que eso, a mí, no me pasaba. Supongo que a estas alturas del libro te habrás dado cuenta de lo exigente que llego a ser conmigo misma.

Al día siguiente, Dabiz me hizo ver que podía necesitar ayuda, hacer terapia, consultar mi angustia con un psicólogo. En aquel momento de crisis fui incapaz de verbalizar nada y, anímicamente, tampoco me sentía bien. De hecho, estuve el resto del día muy hundida. Noqueada. Lamentándolo todo y machacándome. Todavía lo hago, aunque ahora me he dado cuenta de que puedo escribirlo porque tal vez lo esté procesando. No lo sé, porque me sigo sintiendo horriblemente mal cada vez que lo recuerdo. Es como si el tiempo apenas lo hubiera mitigado. Ese dolor y esa sensación de fracaso en mi papel de madre, a la hora de proteger a mi hija en todo momento, perduran. Vuelven a mí si rebusco en mi interior.

Le pedí perdón mil veces. Me desgarró por dentro, algo que también me pasa cuando llora. A veces, cuando consigo ducharme —no siempre es fácil cuando se le dedica todo el tiempo posible a un bebé—, me cuesta cerrar los ojos. Cada vez que me está cayendo el agua en la cabeza o me lavo la cara, pienso que mi hija está llorando y que no puedo estar justo a su lado para calmarla. No dejo de estar pendiente de ella. Sé que una alerta constante es difícil de sostener sin caer rendida algún momento, pero me cuesta horrores evitar esa tensión. Un día me dijeron que tener un hijo era como tener un cazo al fuego, siempre a punto de quemarse o de desbordarse.

Después de aquello decidimos cambiar la cama, pegarla a la pared y dejar el colchón a ras de suelo. Pero no fue la única decisión. Comencé a buscar un especialista que me pudiese tratar. El que mejor me viniese, pero debía hacerlo y no postergarlo más.

Iba a adentrarme, otra vez, en un terreno nuevo para mí.

8

EN TERAPIA

Nunca antes había ido a terapia.

No es que tuviera prejuicios o pensase que solo era para casos graves. Hay expertos que aseguran que todos necesitamos ir al psicólogo de forma frecuente. Bueno, seguro que la mayoría lo recomienda. Creo que a terapia no deberían ir solo los *locos* ni *los que se han roto* alguna vez. A terapia han de ir los que tienen problemas, pero quieren ponerles solución.

Como yo.

En realidad, como soy tan observadora, planificadora y obsesiva, creía que hasta mi maternidad todo o casi todo me había salido bien. Y con eso de *salir bien* no me refiero a que todo en mi vida personal o profesional marchase a la perfección.

A veces, he vivido cosas que no me han ido tal y como esperaba, pero como salía la Pedroche que lo tiene todo bajo control, los daños colaterales eran menores. En realidad, siempre he tenido previsto que algo pudiese salir mal. Me imaginaba el peor escenario por si acaso y siempre tenía recursos para salir adelante. Por ejemplo, aunque estuviera muy bien en un trabajo, iba más allá y me imaginaba qué podría pasar si me echaban, cómo me lo tomaría y a dónde iría a buscar un nuevo proyecto. No es que pensase todo el rato en lo peor. Sé disfrutar del presente, aunque a veces me cueste vivir en el hoy. Solo que mi personalidad previsora y lógica —y también algo intensa, lo reconozco— hacía que tuviese en mente todo el abanico de posibilidades. Plan A, plan B, plan C... y un suma y sigue.

También había algo más. Nunca había tenido que enfrentarme a un suceso lo bastante grave como para no poder controlarlo por mí misma. El *yo puedo con todo* y el haber podido, literalmente hablando, me han servido para capear cada una de las situaciones que me he ido encontrando. Lo más triste que me ha pasado nunca ha sido la pérdida de mi abuela. Dadas las circunstancias, sabía que en algún momento mi abuela moriría y eso hizo que me preparase mentalmente. Tal vez tenga mucho que ver el hecho de ser hija única. Nada que ver con el tópico tan extendido sobre nosotros de que somos personas egoístas y dependientes. Supongo que para eso están los tópicos, para que la realidad los eche por tierra, para no creérselos y no cumplirlos.

Es más, siempre he sido capaz de hacerlo todo sola. Jugaba sola, estudiaba sola... Nunca he necesitado un grupo grande de amigos para sentirme bien y ser feliz. Sí tengo buenos amigos, sobre todo esos de toda la vida... Y tal vez les choque que la Pedroche de siempre se sienta así y lo cuente al mundo.

En resumen: creo que todo esto puede explicar por qué creo que nunca precisé ayuda psicológica. Simplemente, no he sentido nunca que la necesitase. Creía que en mí tenía la fortaleza suficiente. Ese trabajo intenso y profundo de mirarme a mí misma, comprenderme e instalarme en mi interior me ha salvado muchas veces. Pero me he dado cuenta de que la vida te lleva a veces a momentos críticos muy difíciles de encajar en el mundo que te has construido o imaginado para ti. Desde el embarazo y el nacimiento de mi hija, he visto claramente que ya no podía controlarlo todo, que aunque me anticipara a las *cosas malas,* siempre había otra salida u opción que no había barajado. Es como si, siendo madre, me fallase un poco esa capacidad mía de mantenerlo todo bajo control.

También me he dado cuenta de que cualquier cosa me duele de una forma extrema. **Creo que este amor**

tan profundo y exagerado viene acompañado de un dolor grande y unos miedos exacerbados. Es como si estas emociones contrarias estuviesen en los dos extremos de una cuerda y yo me mantuviese casi todo el día tirando de ambos lados, tensando mis emociones.

La caída de Laia fue un suceso que disparó la angustia en mí. La cuerda se tensó demasiado. Cuando pude asimilarlo, al menos un poquito, me di cuenta de que para poder disfrutar de ese amor por ella y por mi familia también necesitaba que me ayudaran desde fuera.

Vi que, aunque la solución siempre tiene que estar en una misma, me vendría bien un poco de ayuda externa. O mucha.

Amaya ya conocía parte de mi historia, porque es la psicóloga de mi marido. Al saber de nuestras vidas, todo ha sido mucho más fácil. Aunque hasta entonces yo no se lo hubiese explicado directamente, ella era consciente de muchas de las cosas que nos preocupan a los dos.

Lo que me gusta de Amaya es su cercanía. Me da mucha seguridad abrirme y contarle cómo me siento; y esa confianza previa que ya existía sentó las bases de lo que iba camino de convertirse en una relación a largo plazo. Con Amaya me siento cómoda, muchas veces no siento ni que sea mi psicóloga, y creo que es indispensable sentirse así si decides comenzar una terapia.

El primer día pudimos entrar en materia. Cuando comencé a hablar con ella, noté al instante que me sentía en un sitio seguro, a pesar de la oscuridad que tenía dentro de mí. Pero eso no quitó que la primera sesión fuese complicada para mí, porque no podía parar de llorar.

El pensamiento extremo de «me van a quitar a la niña, porque soy una mala madre» golpeaba mi mente de forma constante (confieso que esta frase la he pensado en varios momentos más). Y en mi primera sesión con Amaya me costaba muchísimo expresarme y dar con las palabras adecuadas. Cuando por fin pude terminar de contarle aquel suceso, normalizó la situación. «A mí también me ha pasado. Entiendo que te sientas así». Aquel mensaje lleno de empatía fue un bálsamo. Me calmó.

Yo no sabía qué era la perfección hasta que nació Laia. La miro y veo a un ser frágil, muy puro, y siento que se merece a la mejor madre del mundo. Me digo muchas veces que es tan maravillosa que por muy bien que intente hacer las cosas nunca estaré a su altura. Sé, a la vez, que no puede haber otra madre mejor para ella, porque más no la puedo querer. Imposible. Todo esto viene porque yo siempre he querido ser la mejor. En todo. No es que quiera demostrárselo a los demás, es que necesito demostrármelo a mí misma. De no hacerlo sentiría que me estoy traicionando.

Cuando escribo estas líneas, ocho meses después de nacer Laia, puedo decir que he sido mi peor enemiga, la más dura y la más severa. Yo y mis expectativas. Esas que me impulsan a querer ser una mujer diez, una profesional diez y una madre diez. Un diez en todo. Y, aunque nunca me rinda y me esfuerce muchísimo, no siempre se puede ser un diez en todo.

Si lo mejor para Laia es que afronte infinidad de miedos, los afrontaré.

Ella me impulsa a sacar fuerzas y valentía. Quiero transmitirle el empeño en querer superarse. Quiero que mi hija sea una mujer con la mente abierta, que tenga muchísimas experiencias que la hagan crecer, que sepa relacionarse con los demás y que consiga conocerse a sí misma. Y que si algo le da miedo, lo trabaje. Que no se esconda.

No quiero pasarle mis miedos a ella.

Me miro a mí misma y pienso que, durante todo este tiempo, no ha habido nadie con más miedos que yo.

Aunque si alguien como yo lo está superando, cualquiera puede lograrlo.

Con Amaya hago mucha terapia narrativa. Mis encuentros con ella son muy efectivos. Me valen como desahogo. Muchas veces ella no tiene que decirme nada en especial. Me escucha, me orienta y lo que sí defiende es que las personas a mi alrededor deberían trabajar más la empatía. Menuda palabra más mágica y reveladora.

—Es que a veces pienso que estoy loca... Y que solo a mí me pasan estas cosas.

—Tienes razón, comprendo que te sientas así.

—¿Pero me das la razón porque de verdad crees que la tengo o me la estás dando para contentarme?

—Si fuese lo último no estaría haciéndote terapia ni sería una buena psicóloga para ti.

Con ella me siento muy segura y sostenida. En sus sesiones me quito todas las caretas, la vergüenza que me podría paralizar, y expreso mis miedos sin temor a sentirme juzgada. Muchas veces, cuando comparto con mi psicóloga mis sentimientos y preocupaciones, veo la solución solo con verbalizarlos. Y eso me da tranquilidad.

Cuando estás muy metida en el pozo y lo ves todo oscuro, quedarte hacia dentro, en silencio y en tu mundo interior, hace que luego te sea más complicado salir. Para mí, estas consultas con Amaya no consisten en que me diga qué tengo qué hacer. Me escucha atentamente, está muy presente en la conversación, y eso ya me hace sentir bien. Cuando te encuentras a gusto y reconfortada es mucho más fácil ver una solución a los problemas. Y entonces, cuando noto que estoy así, sucede algo fantástico: veo un rayito de luz que entra en mi pozo oscuro, me sirvo de él para ver cómo puedo salir y trepo hasta llegar a la superficie.

Es más fácil ver la salida si alguien te ilumina el camino. ¿No crees?

Contar con Amaya ha hecho que me dé cuenta de algo. Siempre me he encerrado mucho en mí. Hasta ahora no lo veía como algo negativo, porque con las técnicas de meditación que he ido aprendiendo a base de practicar, con ese afán por conocerme y ver mi interior, ya encontraba la forma de solucionar mis problemas o inquietudes.

Pero antes no me sentía loca ni me sentía sola como en los últimos meses. Supongo que porque tampoco había experimentado un trauma muy fuerte que no hubiera podido manejar sola.

La maternidad es un tren que va a trescientos kilómetros por hora, que no sabes dónde se parará y, cuando lo hace, apenas tienes tiempo para bajar con lo puesto y subir de nuevo sin saber cuándo llegará a su destino. Es arrollador.

Muchas veces me siento perdida, mucho, porque no puedo anticiparlo todo. Y antes sí lo hacía. Cuando me quedé embarazada y nació Laia, me vinieron tantas cosas de golpe que no podía sobrellevarlas.

Fíjate hasta dónde puedo llegar...

Si tengo una conversación importante, la que sea, con quien sea, ya visualizo esa charla y tengo presentes todas sus posibles respuestas y todas las mías. Pienso en qué me podrán decir y qué contestaré yo. Mi mente no para. ¿Siempre puede haber alguien que me sorprenda? Por supuesto. Pero tampoco me ha pasado demasiadas veces. Ahora la sorpresa es más frecuente y esto es difícil para alguien que quiere moverse en un terreno sólido y que no ve con muy buenos ojos tantos imprevistos. Me encuentro ante conversaciones y situaciones que emocionalmente son muy fuertes y que no se pueden controlar. Es imposible.

Como en el pasado no viví las mismas circunstancias que estoy viviendo en la actualidad, el miedo acecha sin parar y gana terreno. La anticipación no solo no me ha estado funcionando, sino que, encima, me he llegado a quedar en *shock* sin saber qué hacer.

A mí, que nada se me escapaba...

Acudir a la terapia psicológica me está ayudando a ver las cosas de otra forma, a reflexionar y a no ser tan enemiga de mí misma. Pero, además, no me quedo solo con la sesión sin más. A la escucha activa de Amaya y a sus preguntas les sumo un extra: repasar la conversación que hemos compartido.

«¿De verdad me he expresado bien? ¿Qué he querido decir con esto? ¿Qué puedo sacar en claro de lo que le he dicho?».

Le doy vueltas y vueltas para ir más allá.

Todo tiene una raíz y a veces la intentamos tapar, ponemos parchecitos a los problemas o a lo que nos ocurre para salir del paso y tratar de estar mejor. Pero si no das con la raíz y solo te limitas a cortar, la mala hierba sigue creciendo. Con los miedos, como con el resto de las cosas, siempre quiero ir al origen de todo. Cavar en la tierra por mucho que cueste, alcanzar la raíz y arrancarla, porque, de lo contrario, va a seguir extendiéndose. Y es que de forma inconsciente no paramos de regarla y nutrirla con nuestras angustias e inseguridades.

Te explico todo esto porque, a medida que avanzaban las sesiones con Amaya, le planteé uno de mis deseos: dar con el diagnóstico de lo que me estaba pasando.

—Cuando lloras es porque pasa algo, o sea, siempre tiene que haber una razón. Y ahora mismo no la encuentro. Si antes de comenzar la sesión me preguntan si hoy voy a llorar, diría que no. Pero entonces me preguntas cómo estoy, te respondo que bien y, de repente, me pongo a llorar... —le expliqué.

—Lo ves así porque te estás poniendo muy racional. Tu experiencia hasta ahora siempre ha sido esa: cuando llorabas era por algo. Había algo exógeno, algo que estaba fuera y que te afectaba. Pero muchas veces las emociones tienen que ver con procesos internos.

—Pienso que es porque estoy cansada, pero todos los días lo estoy...

—Se te han juntado muchas cosas, Cristina. A lo mejor, una persona que no vive una experiencia como la tuya y que pasea a su hija feliz por la calle todos los días no tiene esas dificultades que tú has tenido que afrontar.

—Yo sigo haciendo mi vida. Voy a trabajar, medito, hago yoga, quedo con amigos... Pero eso no significa que todo esté bien, porque muchas veces me tengo que forzar para hacer estas cosas y las hago llorando. Quiero entender qué me está pasando. Quiero saber si tengo depresión.

9

EN BUSCA DEL DIAGNÓSTICO

Sabía que mi psicóloga no podía diagnosticarme algo que me rondaba la cabeza desde hacía tiempo: la idea de que había sufrido o estaba viviendo una depresión posparto. Quería tener un diagnóstico médico para ser realista y sincera conmigo misma. Necesitaba certezas y hablar desde la verdad. No quería divagar sobre cómo me estaba sintiendo. Me parecía que actuar así iba a ser lo más sincero por mi parte. Quería saber si realmente la padecía y, ya que me estoy abriendo en canal con este libro, aprovecharlo para explicar con detalle qué estoy viviendo y en qué estado emocional me he llegado a encontrar. Sin enmascararlo. Llamando a las cosas por su nombre.

Soy de naturaleza muy lógica, así que me gustan los hechos objetivos. Vale, también soy muy pesada.

Mira, no hace falta que hagas esta prueba por mí, que yo ya la he hecho decenas de veces. Si te metes en Google y escribes «Cristina Pedroche madre», te saldrán como resultado muchas referencias a la depresión posparto. Hay noticias en las que se dice con mucha ligereza que yo la tengo sin que sepan si ha habido un diagnóstico, sin ningún experto que lo sostenga con certeza o que al menos me haya tratado. Lo de siempre... También quería dar este paso para plantar cara a ese contenido que cualquiera puede encontrarse en internet.

¿Y adónde fui yo a buscar esa respuesta?

Amaya me recomendó a un psiquiatra de confianza al que podía acudir para tener una valoración médica. Y allá que fui.

Al principio no me atreví a decir que iba al psiquiatra y advertí a mis padres de que tenía una visita médica. No lo hice por mí, sino por ellos. No quería que pensaran que lo que me estaba pasando era tan grave como para necesitar algo más que las sesiones con la psicóloga. Aunque mi madre, que no dejó de preguntarme, sí terminó sabiéndolo. A las madres —al menos a las que son como la mía— es más difícil esconderles ciertas cosas... «He ido porque quiero saber si lo que tengo es depresión o no. Si a lo mejor ve que debe recetarme alguna cosa, pues ya veré qué hago. Quiero contar mi verdad, sea cual sea».

Visto ahora, creo que fui valiente al dar ese paso.

Acudí un viernes por la tarde, después de haber estado con Amaya por la mañana. El día fue muy intenso, la verdad. Pero yo quería ir, cómo no, a la raíz; así que la sesión con él duró casi tres horas.

De camino estaba un poco nerviosa, porque no sabía qué me iba a encontrar. Cuando estoy nerviosa, me pongo en modo graciosa y simpática. Pero no quería que me viese así. Quería que viera la verdad de cómo me estaba sintiendo yo: la Cristina Pedroche madre, no la que sale en la tele. Quería que conociese quién soy de verdad.

No te engañaré, también tenía ciertas reticencias. Era una mezcla rara de confianza, porque iba de parte de alguien de quien me fio al cien por cien, pero, a la vez, volvía a meterme en un terreno desconocido. En cualquier caso, traté de no ir con una idea preconcebida. No anticiparme (demasiado).

No sabía cómo iba a ser la consulta, aunque, como puedes suponer, proyecté. Me imaginaba que me iba a tumbar en un diván y que él me haría preguntas desde su sillón. Muy teatral y peliculero, pero aquel espacio era como una consulta médica. Me daba miedo que el psiquiatra me tratase de forma paternalista, y más si el tema estrella iba a estar relacionado con la maternidad.

Algunos hombres son bastante paternalistas y quieren quitar hierro al asunto. Por eso me daba un poco de cosa que fuese *él* y no *ella*. Pero nada más comenzar a hablar, me di cuenta de que estaba equivocada. Él me escuchaba de verdad, repreguntaba y dejaba que yo le preguntase. He conocido episodios de gente que ha ido al psiquiatra y al psicólogo y no ha tenido buenas experiencias. Pensaba que yo no iba a encontrarme tan a gusto, pero me sentí superentendida. Sostenida. Me encantó hablar con él.

Me fue muy bien.

Descubrí a una persona muy empática que me estuvo escuchando durante todo el tiempo. Soportó los miles de preguntas que tenía apuntadas para ese día y las otras mil que se me ocurrían mientras hablábamos.

Supongo que querrás saber cuál fue su veredicto, ¿verdad? Me aseguró que, en el momento de la visita, cuando Laia tenía siete meses, no sufría una depresión posparto. Me dijo que, a lo mejor, al principio de nacer mi hija sí podría haberla tenido y que entonces me habría recetado medicación para que pudiese sobrellevarla y descansar.

Pero, lógicamente, no podía echar la vista atrás y darme una respuesta sobre algo que él no pudo evaluar. No se podía generalizar o lanzar un diagnóstico a la ligera por todas y cada una de las situaciones de pánico o por los miedos que experimentaba entonces, por mi encierro... Debería haberme visto y tratado en ese momento, porque no se puede hacer un diagnóstico al azar.

Yo también creo que no he tenido depresión. Ahora lo veo todo con un poco más de perspectiva. Pero igualmente pienso que a lo mejor ahora lo estoy dulcificando, a la vez que lo remuevo todo e intento recordar. No lo sé.

Si la he tenido o no, en el fondo, ahora mismo, da igual.

Lo importante es todo lo que estoy contando.

Mi experiencia en una consulta psiquiátrica ha sido tan positiva que espero aportar mi granito de arena contra el estigma sobre estos profesionales y las personas que requieren tratamiento. Creo que poco a poco hemos logrado luchar contra el tabú de la salud mental. La gente habla de ello con más transparencia y es de agradecer.

Algunas personas creen que ir al psiquiatra es para que te den una receta y que, tal y como entras por la puerta, ya te está medicando. Y la conversación que tuve con él me pareció de lo más enriquecedora. Contestó, como no, mis doscientas mil preguntas y me dijo que le llamase siempre que lo necesitara. Solo creo que hay que dar con un buen psiquiatra, de la misma manera que hay que dar con un buen psicólogo, sentir seguridad y confianza en los profesionales a los que les brindas tus emociones. Tu yo más preciado.

10

GRIS OSCURO

Antes de que naciese Laia, creo que yo lo comprendía todo, que escuchaba muchísimo a los demás y que intentaba ponerme en la piel de los otros cuando me contaban cosas que a mí nunca me habían pasado. Intentaba comprenderlos, pero no desde dentro, claro. Aquello era empatía, sí, pero con matices.

Nunca ninguna madre me ha llegado a hablar con la misma franqueza y transparencia con la que yo lo estoy haciendo ahora. Nunca llegué a conectar con nada que se pareciera a lo que estoy sintiendo hoy.

Nunca me habría podido poner en aquella piel.

Con la maternidad me he asustado tanto, tantísimo, porque no tenía un referente ni nadie que me hubiera contado ni la mitad de las cosas que yo estoy sintiendo.

A menudo pienso en las mujeres de mi familia, mi madre, mi tía, mi prima, mi abuela... Todas son mujeres que han tomado sus propias decisiones, han trabajado y lo han hecho todo ellas mismas. A su manera, la que han creído que era mejor. Para mí, eso tiene un valor incalculable, porque yo ahora también estoy haciéndolo como pienso que es mejor, y yo decido cuidar a mi hija y estar presente al máximo. Todo el tiempo. Creo que lo que hay que entender es que no debemos juzgar a otras madres por hacer las cosas de una manera distinta. Cada una tiene una historia personal.

La maternidad tiene sus luces y sus sombras, y es una revolución. Una revolución que a mí me ha arrollado. Me gustaría decir que ahora ya lo tengo todo un poco más controlado, porque, aunque muchas veces me sigo sintiendo muy perdida, hay cosas que ya no me dan tanto miedo. Así que en parte debería estar feliz por ello.

Veo que muchas de las situaciones que me preocupaban no se han dado. Por ejemplo: me daba pánico que la niña por la noche tuviera una muerte súbita. Entiendo que nos adviertan de que no le tapemos con las sábanas, que no le pongamos juguetes... Pero cuesta entender que, de repente, un niño que está bien, sano, pueda morir sin más. Los primeros días no es que no durmiera porque la niña quería teta, sino porque necesitaba comprobar todo el tiempo que estaba bien, respirando. He vivido con la niña pegada a mí como si fuera un koala.

Confieso que he estado agobiada (mucho) pensando en que mi hija se podría morir.

Hoy han pasado ocho meses y por fin soy capaz de verbalizarlo.

Pero mil veces me empiezo a acordar, y mil veces comienza a cortarse mi voz.

Y otra cosa: a veces, no solo me cuesta quitarme de la cabeza algunas fatalidades, sino que una conversación, un gesto o cualquier pequeño detalle pueden llevarme a un pasado doloroso y a que esa fiera interna, la sobreprotección, se dispare. Ayer, mi madre, mientras cenábamos, mencionó el piso de mi abuela y me vinieron a la mente muchas escenas que yo viví allí.

Y, claro, me vine abajo.

—Ahora pienso en las cosas que me decía mi madre cuando yo era adolescente al hablar de mis abuelos: «Algún día no estarán y los echarás de menos». Y miro a mi hija y siento que me va a salir decírselo a ella también...

—le comento a mi psicóloga—. Cuando yo perdí a mi abuela lo pasé muy mal. No cambiaría ni un ápice de lo que viví con ella para protegerme de ese dolor. Pero recuerdo lo que sufrí con su muerte y pienso en mi hija, en lo que sentirá cuando muera mi madre... Me encantaría protegerla. No quiero que sufra.

—No podemos evitar el dolor de cada pérdida. La vida es un aprendizaje, nos vamos exponiendo a situaciones dolorosas y una va teniendo herramientas para gestionar esas situaciones. El dolor forma parte de la vida, y sin dolor no hay *lo otro,* como la alegría.

—Ya, pero la veo tan pequeña que quiero protegerla a toda costa. Mi amor por ella es tan absolutamente incondicional que al verla nada más nacer habría sido capaz de anteponerla a mi propia vida. Es muy fuerte. Y sé que cuando crezca seguiré queriendo evitarle cualquier dolor.

—Entiendo que lo sientas. Pero ¿sabes? No estamos mejor preparados a los cuarenta para afrontar algo por tener esa edad, Cristina. Lo estamos a los cuarenta porque hemos sabido aprovechar las experiencias que nos da la vida, siempre que las hayamos vivido paulatinamente. Si tú sobreproteges a tu hija y haces que no sienta nada de lo malo, no la estás preparando para aquello que inevitablemente va a pasar. No la estás dejando vivir con intensidad.

«Vivir con intensidad».

Sí, hay cosas que van a pasar. Porque es ley de vida. Es una mierda, lo sé. Lo malo es cuando, además, muchas de esas posibilidades toman forma en mi mente ocupándola con pensamientos intrusivos. ¿Qué debo hacer? Estos pensamientos pueden ser desencadenados por cualquier cosa. Lo primero que hay que hacer es identificar la emoción. El segundo paso es validarla, porque cualquier emoción que se sienta es válida, siempre. Mi psicóloga dice que nunca debemos decirnos a nosotros mismos que no debemos sentirnos de una forma u otra. No debemos negarnos. Porque validar lo que sentimos nos ayuda a gestionarlo de otra forma y a ocuparnos de ello. En ese momento podemos analizarnos y, una vez hecho el análisis, volver a poner la atención conscientemente en el presente.

Me remarcan que en las depresiones hay grados, que hay gente que las sufre muy fuertes y se ve incapaz de generar un vínculo con sus hijos, madres que por culpa de este trastorno se pasan el día metidas en la cama sin querer hacerse cargo de bebé. Lo siento muchísimo por ellas, no quiero ni imaginarme lo que pueden sentir. Me duele mucho pensarlo.

Me alivia no estar en una situación así de horrible, no tener ese diagnóstico ni esas experiencias vitales. No sé qué sería de mí.

Yo, a pesar de mis miedos, no me he paralizado. Me dije:

«Venga, vuelve a trabajar de nuevo».

He ido afrontándolo todo como buenamente he podido y sé que eso es positivo. Aunque no significa que ya lo tenga todo hecho.

Sé que la recuperación no es un camino recto, siempre hacia delante.

A veces doy pasos atrás. Otras, siento que estoy mucho mejor, pero después de pasar un par de días buenos, viene otro malo y me siento peor. O paso por una montaña rusa emocional a lo largo del día. Aun así, me estoy acostumbrando a conectar con mis emociones, sean cuales sean. Normalmente, el dolor, la angustia, la tristeza y mis miedos son como verlo todo de color gris oscuro. Esa es la definición más sencilla para mí y para que me entiendan.

Tener una visión gris oscuro de las cosas no es muy esperanzador, pero al menos no es verlo todo negro. No es ese pozo oscuro del que te he hablado antes.

Día a día, intento echar mano de lo que siempre me ha servido para ser mejor y tener una vida más calmada y con más paz, de las estrategias que he utilizado para saber lo que quiero y lo que no, para saber dónde están mis límites. Meditar, pensar, no dejarme llevar.

Pero reconozco que todo esto no me está sirviendo igual con el posparto.

Estoy triste, pero la gente no se plantea que lo esté.

Dentro de mi lógica, pienso: si esta situación me entristece, no voy a querer que vuelva a ocurrir, así que voy a ponerle solución. Vale, sí, se la pongo, pero, aun así, anímicamente sigo mal. ¿Por qué? ¿Qué me pasa? Esto es algo que sigo preguntándome en terapia.

Le doy vueltas, pero rebuscar en mí misma algunas veces me lleva a un bucle del que es difícil salir. ¿Estaré mal porque me estoy analizando demasiado o precisamente por analizarme tanto me doy cuenta de lo mal que estoy?

Qué locura, ¿verdad?

Amaya me dice que, aunque yo quisiera no mirar en mi interior, no podría no hacerlo. No puedo ser de otra manera. No puedo luchar contra mi propia esencia. Así que no me queda otra que esforzarme cada vez más y valorar mis progresos. Sí he estado trabajando lo de ser tan impaciente y ansiosa. Cada vez soy menos ambas cosas y sigo aprendiendo. Pero no me desprendo de cierta tristeza mientras paso por el momento más extraordinario de mi vida.

Pasará, pasará...

Una de las recomendaciones terapéuticas es dar con la fórmula para tener una vida tranquila e intentar que esa tristeza sea la menor posible... Aunque si quiero llorar, no pasa nada por llorar. Desde hace algunos meses he normalizado las lágrimas sin tratar de frenarlas. Es más, lloro casi todos los días. A veces es solo de felicidad. Miro a mi hija, la tengo bien agarrada, dormidita, olisqueo su cuello y poco tardan en rodar unos lagrimones de amor por mi rostro.

Supongo que cuando el amor es tan, tan, tan fuerte, el dolor también lo es.

Debe de ser que me duele quererla como la quiero. No sé hacerlo de otra manera. Ahora mismo mi vida está situada en los extremos de esa cuerda. En lo bueno o en lo malo. ¿De qué extremo tiraré hoy? ¿Y mañana?

Cuando me preguntan cómo estoy, a veces no sé qué responder. Puedo mirar el reloj del móvil y decir que precisamente ahora, a las 18:24 horas, me encuentro bien.

Hace unos minutos no tanto, te lo puedo asegurar, y no sé cómo me encontraré cuando acabe este texto.

Hay cosas que de repente me dan pena y lloro. No puedo parar. Y son cosas que, en teoría, hacen reír a la mayoría de las personas, pero a mí ya no. Hace unos meses se hizo viral el vídeo de una mujer mayor que se engancha con la persiana de un comercio. Y la pobre se queda colgada boca abajo del abrigo, sin poder desprenderse. La situación no deja de ser cómica y a mí sentido del humor no me falta. Pues al ver el vídeo pienso en mi abuela y eso me lleva a que ella no ha podido conocer a Laia. Entonces, de nuevo, me meto en el bucle de la pena. Soy la señora Penas. «Ay, qué pena», es la expresión que más digo a lo largo del día.

Cuando eres madre, se activa un mecanismo que yo pensaba que no existía: una mezcla de empatía y compasión que hace que no vuelvas a verlo todo de la misma forma.

Mi mirada es otra.

Puedo estar hablando de cualquier cosa, que mi mente se va siempre hacia Laia. Estoy todo el rato pensando en mi hija. Ahora mismo estoy en otro punto de mi vida. Y hacer otras cosas no me alivia del todo. Me obligo a ir a darme un masaje, hacerme las uñas o una limpieza facial. Se supone que es algo bueno para mí, para sentirme bien y ver que no me estoy descuidando físicamente.

No me apetece hablar de otras cosas y hay personas con las que no quedo. No quiero acabar siendo la madre que solo habla de su hija, que quedas con ella y todo es «la niña». Pero, claro, si es lo único que hace y lo único que tiene en su mente, ¿de qué va a hablar?

Reconozco que puedo estar fuera de casa, cuidándome en teoría. Igual me están dando ese masaje o haciéndome esa limpieza, pero en mi mente solo tengo a mi hija. Estoy obsesionada con ella; es que cierro los ojos y la veo. Solo pienso en ella. Y, por supuesto, siempre pendiente del móvil, por si mi madre (que es con quien se queda siempre) me llama o me escribe. Entonces, ¿cuándo me digo que lo he disfrutado verdaderamente? Cuando entro por la puerta de casa. Entonces, si veo que todo está bien con Laia, es cuando me autoconvenzo de que salir puede haber valido la pena y me ha gustado. Si todo está bien con ella, lo mío ha estado bien. Venga, el objetivo es que la semana que viene pueda volver a hacerlo y mejorar mis sensaciones. Pero en el momento de irme o durante mi ausencia, no me encuentro bien. Mi conciencia me dice que no es lo que quiero.

Hay una lucha interna que desgasta.

«Aprovecha, hija, la niña acaba de comer y ahora está dormida; puedes salir un rato», dice mi madre, que me cuida y se preocupa. Me visto, cojo las llaves y el móvil, y me subo al coche. Al poco rato, me encuentro una rotonda. La de veces que he dado la vuelta a esa rotonda, incapaz de irme, y he terminado cancelando la cita...

Otras veces me he quedado un rato en el coche llorando.

Sigo intentando hacer un plan distinto, solo para mí, una vez por semana o cada quince días. Intento hacerlo lo mejor posible, pero no puedo evitar escucharme. Y si cuando me estoy yendo estoy teniendo un ataque de ansiedad, es que no estoy haciendo lo correcto o lo que creo que debo hacer.

Hago todo lo posible para no juzgarme. O, al menos, lo intento.

¿No se supone que debo escucharme a mí misma? Ahora mismo no estoy preparada para alejarme y hacer ese tipo de cosas. A pesar de que hayan pasado ocho meses de su nacimiento —cuando salga este libro, cerquita del año—, no llevo bien irme de casa sin ella. Llegará un momento en que esto cambiará. Poco a poco, imagino.

Hace unos días me iba de casa y no sabía si me daba más pena que se quedase llorando o riendo. Si llora, no quiero irme. Si ríe, tampoco, no quiero perderme nada. Gestionar este cúmulo de emociones es muy difícil para mí.

Hay quien sale por la puerta y es capaz de abstraerse de todo. «Adiós, cariño», y a otra cosa. Yo, no. Cierro la puerta y me quedo en el rellano unos minutos. Otras veces necesito volver a entrar para darle otro beso. La de trayectos que he hecho hasta la tele llorando y preocupada en el coche.

¿Por qué tengo que ser tan intensa?

No puedo evitarlo. Supongo que es porque me he criado escuchando las canciones de Camela y todo lo vivo desde el amor o el drama profundo. ¿Os he dicho ya que también me refugio en el humor para quitarle peso a lo que me pasa o lo que siento?

Me dijeron estando embarazada que ahora mi corazón ya no es mío, es de mi hija. Por eso, cuando llora yo siento que me desgarro. Porque siento como si alguien estuviera cogiendo mi corazón y apretándolo fuerte, como si cogieras un papel para hacer una bola. Creo firmemente que estamos conectadas para siempre.

Cuando se cayó, todo mi mundo se vino abajo. Lo poquito que había construido en dos meses se fue a la mierda. Tuve que empezar de cero o de menos doscientos. Ahora, pasado el tiempo, me he construido otra vez, pero sigo notándome muy frágil. A nada que pase, me desmorono. Y si veo que puede afectarle cualquier cosa o vislumbro cualquier peligro, en dos segundos puede pasar mi vida entera por mis ojos. Y mi red de seguridad cae. Me ha pasado con el *baby led weaning* (BLW). Este método, que se conoce como alimentación autorregulada por el bebé, consiste en alimentarlo combinando sólidos con la lactancia a partir de los seis meses. Es una manera de incorporar los sólidos en su alimentación sin pasar por los triturados (purés y papillas) y es el propio bebé quien se alimenta por sí mismo usando las manos.

Ella lo disfruta muchísimo, pero hemos tenido algún momento de nervios. Se ve muy capaz, se lleva los alimentos que le preparamos a la boca con mucha confianza y debes tener mil ojos para que todo marche bien. Por supuesto, también hice el curso de BLW, leí varios libros e hice una formación en primeros auxilios.

Pero ¿qué necesidad tengo de exponerla a ciertos riesgos cuando con una papilla, con todo triturado, se supone que sería mucho más fácil? Y digo «se supone», porque los niños también se pueden atragantar con papillas. Cuando tú alimentas al bebé y no es él quien gestiona la cantidad que se mete en la boca, a veces se encuentra con tanto que se puede atragantar. Sé que lo estamos haciendo bien, minimizando cualquier riesgo, y que para ella es una experiencia fantástica y muy beneficiosa, porque desde bien pequeña va a tener acceso a todos los alimentos. Cuando das a los niños papillas de frutas o purés en los que todas las verduras están mezcladas, no saben diferenciar el sabor de cada una ni la textura, y luego, cuando son más mayores, que siguen teniendo el mismo riesgo de atragantamiento o incluso más, no quieren, por ejemplo, comer brócoli. Mi hija se come el brócoli a puñados. Es una gozada verla comer de todo.

Pero algún que otro susto puedes llevarte. Hay que estar alerta. ¿Ese miedo va a hacer que no siga adelante con la decisión que he tomado?

Me flojearán las piernas también la próxima vez, aunque haré todo lo posible por mantenerme firme.

Si tienes la convicción de que lo estás haciendo bien, sigue adelante.

11

MALDITO COCHE

Escribo esto angustiada porque tenemos previsto coger el coche para ir al País Vasco. Es la primera vez que pensamos en hacer un viaje tan largo por carretera. Son casi cuatro horas de trayecto. Parece poco comparado con los viajes que ya hemos hecho los tres, como ir a México o Dubái. Pero en el avión, Laia va todo el rato conmigo, piel con piel, y en el coche va en su sillita, sola, sin mí, y eso no le gusta nada. Y mira que he buscado siempre la mejor silla, la más cómoda y segura del mercado. Muchas veces hasta la he revisado por si había algún pincho o algo que se estuviera clavando, porque es montarla y ponerse a llorar.

Ella, que no es de derramar lágrimas, solo se queja en el coche. Llora, y mucho. Es bastante frustrante cuando todo el mundo dice que la sillita relaja un montón a los niños y que se duermen en seguida. La mía, no. Le resulta insoportable. Creo de verdad que no le gusta porque me mira y quiere que la coja, no entiende, si estoy presente, por qué ella tiene que estar alejada de mí. Como ya te he contado antes, mi cuerpo es su refugio y debo dárselo todo. Tiene que ser un refugio cinco estrellas. Todo lo que necesite debe encontrarlo en mí.

Dicho esto, imaginarás que todavía no he cogido el coche sola con mi hija. Me da mucho miedo. Si no puedo ir acompañada, prefiero no hacer lo que tenga que hacer si eso supone que tengamos que ir las dos solas. Evito que se dé esa circunstancia porque, de momento, no es imprescindible. Sé que esta es una tarea pendiente a la que tengo que enfrentarme, pero poco a poco. Sé que voy a poder con todo, aunque no con todo a la vez.

El caso es que nos vamos a uno de nuestros lugares favoritos y ya he empezado a notar los nervios. Amamos el País Vasco y siempre que podemos nos escapamos allí a comer muy rico; incluso mi hija se llama Laia porque allí escuché su nombre, aunque después nos dijeron que el nombre también es catalán y menorquín, así que yo feliz, porque también son lugares que me llegan al alma.

Desde que nació la niña, no hemos vuelto allí. Fui yo la que se lo propuso a Dabiz, pero cuando se acercaba la fecha intenté evitar el viaje poniendo excusas. **Lo peor de todo es que me he dado cuenta de que cuando mis excusas se quedan cortas o no son creíbles, mi cuerpo me empieza a *ayudar*.** Ayer me levanté con un dolor de espalda muy intenso. Hacía muchos años que no pasaba. Muchísimos. Y me quedé casi paralizada, me costaba hasta coger a la niña.

«¿Cómo te vas a ir de viaje estando así?», me dijo mi madre.

De repente, lo entendí todo.

Mi cuerpo se había *inventado* esta dolencia para que no fuésemos. No tenía un diagnóstico médico, pero creo que estaba somatizando mis emociones.

Aquel día lo pasé muy triste, con varios pensamientos oscuros, y ver las noticias, llenas de desgracias y sucesos trágicos, no me ayudó. Con razón hace meses decidí dejar de verlas... No soy capaz de escucharlas sin caer en un pozo negro del que me cuesta salir.

Cuando ayer llegó la hora de irse a la cama no podía parar de llorar, no entendía qué me pasaba.

—Creo que no quiero ir de viaje, Dabiz.

—No pasa nada, lo podemos cancelar.

Seguí llorando, todavía más, porque no era lo que quería.

Desde que he sido madre, me divido entre lo que creo que *quiero* y lo que creo que *necesito*. Pero, sobre todo, intento ver lo que necesita la niña y lo que mejor le vendrá a ella.

Yo necesitaba ese viaje y cambiar de aires podía venirnos bien. Por no decir que cualquier cambio de escenario es un estímulo interesante para Laia.

Me acosté triste y nerviosa, pero con la convicción de que al día siguiente nos iríamos.

Empiezo la mañana y, después de darle de mamar, cojo todo lo que había preparado la noche anterior y reviso que no se me olvide nada. Si hacer una maleta para mí antes de que naciera Laia ya me agobiaba, ahora es que no sé ni por dónde empezar. Siempre me siento perdida y angustiada pensando que se me va a olvidar algo importante, como si en cualquiera de los lugares a los que viajamos no hubiese tiendas llenas de cosas para sacarme de un apuro...

Desayuno sin ganas, porque tengo un nudo en el estómago, pero siempre me digo —y trato de cumplirlo— que tengo que comer para tener buena leche para mi niña. Esta frase es casi un mantra que me repito todos los días desde que nació.

Cuando estoy agobiada o nerviosa se me quita el hambre, pero ahora yo no puedo decidir qué como o cuánto.

Maldito coche

La leche de mi hija depende de cómo me alimente yo, así que por supuesto lo hago lo mejor que puedo. Ella está por encima de mí y de todo. Así ya para siempre. Y lo digo desde el amor más profundo. Siempre le daré lo mejor a mi hija. Y para mí darle el pecho es lo mejor, así que nunca fue una opción, como esta mañana no era una opción desayunar o no, aunque no tuviera hambre.

Salimos de casa, la monto en la silla del coche y parece que no va mal. Laia empieza los días muy sonriente y cualquier amago de aventura es una alegría para ella. Pero, según van pasando los minutos, empiezan a abrirse las posibles opciones. La más probable es que llore y se ponga histérica. También, con probabilidades muy bajas, se puede quedar dormida o jugar. Y, al final, pasa de todo. Se duerme un par de horas. Se despierta, le doy un poco de teta, sigue tranquila, menos tranquila, se pone a llorar muchísimo y yo me convierto en Miliki, Fofó y Winnie the Pooh. Intento cantarle de todo para entretenerla. No sé cuántas veces tenemos que parar...

Yo lo he pasado regular. Pero lo hemos hecho.

No quiero cantar victoria todavía, aunque se ha abierto una pequeña esperanza. Porque siempre hay una luz que de vez en cuando asoma. Semanas después me armé de valor. Una vez por semana, Dabiz y yo vamos a hacer la compra. Yo no había pasado un buen día, había estado escribiendo, pero tampoco me sentía especialmente bien. Digamos que estaba un poco baja de ánimos. Pensé:

«Intenta hacer algo positivo que pueda compensar cómo te sientes».

Ya sabes, la montaña rusa en la que ando subida desde hace meses. Pues bien, decidí dar un paso pequeño pero simbólico. Subí a la niña al coche, la puse en su silla y conduje sacando solamente el coche del garaje. Tan solo iban a ser veinte segundos.

«Va, venga, deja el coche fuera y listos. Viene Dabiz y conduce él».

Cuando abrí la puerta del garaje lo vi llegar y, al cruzar nuestras miradas, le vi la cara de alegría. Me daba ánimos. Estaba haciendo algo que no hago porque me veo incapaz y me vine arriba.

—Venga, móntate, que esta vez conduzco yo. —La niña estaba tranquila—. Pero no te sientes detrás, siéntate a mi lado.

Muy arriba estaba yo, porque el trayecto iba a ser de pocos minutos.

Llegué hasta la famosa rotonda y me dije:

«Venga, sigue, sigue...».

Estaba histérica, no podía apretar más fuerte el volante. Me sudaba todo. Y ella tranquilita, cogida a la barra de su sillita. En paz.

Pero...

Comenzó a llorar.

Mucho.

Yo, tratando de mantener la calma, haciendo mis respiraciones y pendiente de la carretera. El trayecto iba a ser eterno... Tuvimos que parar para calmarla. Durante la compra se durmió en el fular de porteo y a la vuelta se mantuvo dormida.

Nunca he sido una persona fatalista que crea que lo que le pasa en la vida depende de la buena o la mala suerte o del destino. Creer algo así iría en contra de mi confianza en la fuerza de voluntad y de mi deseo de enfrentarme al miedo (total, para qué hacer nada si todo está en manos del azar). Siempre he pensado que sí, que soy una mujer fuerte que aprovecha los cambios como una oportunidad para crecer. Pero... esa fortaleza la siento más débil. Puede que tras estas vivencias con el coche haya aprendido una nueva lección. Así lo siento, y me apetece sonreír.

12

MI TRIBU

La terapia semanal me sirve de desahogo y de orientación, valido mis emociones y trato de no juzgarme. Soy una persona obstinada que no se conforma con no hallar las razones de lo que siente. Me gusta ir al origen de todo, pero reconozco que hay viajes emocionales que no me apetece emprender. Este libro es sobre un proceso que ha sido y está siendo doloroso para mí, y que es difícil de sobrellevar. Sé que indagar en todo esto me ayuda a tener perspectiva, a integrarlo en mi vida y a saber hacia dónde me dirijo.

La terapia me ayuda a procesar, pero a veces no quiero hablar del futuro. Se me hace difícil. Duele. Prefiero aferrarme al presente e ir avanzando día a día. Si es que puedo llamarlo avanzar... Porque hay días y noches en los que pasan por mí todas las emociones que soy capaz de sentir. Y la escritura de este libro ha sido dura para mí. Pararme a pensar y revolverme. Aunque estoy descubriendo que la escritura también tiene mucho de terapéutica. También me alivia. Sé que a largo plazo me va a compensar volcar mis sentimientos y experiencias sobre el papel y hablar de todo sin tapujos. Sé que habrá quien me comprenda y quien no. Me conformo con que me escuchen y que algunos de mis mensajes aporten algo a aquellas personas con las que logre conectar.

La maternidad ha dado la vuelta a mi vida en todos los aspectos. Desde el nacimiento de Laia voy en una montaña rusa sin demasiados frenos. Y, como puedes ver, hay mucho de imprevisible y los altibajos son constantes.

Hoy he tenido una mañana horrible, pero una tarde maravillosa. Vino Alba de Barcelona y he pasado toda la tarde con ella, también con Noe y María, ahora ya mis amigas, hablando de tetas, maternidad, partos, crianza, mujeres, miedos... Ha sido una tarde increíble para mí y me ha venido genial. Eso también es terapia.

Ser madre me ha permitido compartir experiencias y sentimientos con mujeres maravillosas, muchas de ellas también madres, que me han enseñado o recordado el poder que tenemos cuando estamos juntas.

El amor y la sororidad siempre vencen. Son una suma ganadora.

Estas nuevas figuras han aparecido en mi vida primero como profesionales y luego como amigas. Porque en eso se han convertido. Tengo una tribu. Y puedo decir que mi tribu me salvó. Espero que todas ellas continúen en mi vida para siempre. Sin ellas no sé qué habría sido de mí. No hubiera podido salir adelante durante el embarazo, el parto, la lactancia y el momento que vivo hoy. O tal vez sí, porque al final se sale, y yo sigo y sigo…, pero no siempre se logra de la mejor manera. Una de las mayores lecciones que estoy sacando de todo esto es que las mujeres tenemos que estar unidas, porque unidas no nos para ni Dios y podemos ayudarnos unas a otras.

Nunca había tenido a ninguna amiga embarazada tan cerca como para que me hablara de su experiencia con total sinceridad. Quizás yo no me interesaba lo suficiente. Así que tampoco sabía nada sobre partos ni lactancia. Francamente, no tenía ni idea. El problema de *maternar* hoy en día es que antes las mujeres estábamos acostumbradas a saber sobre todos estos temas. Ese conocimiento se transmitía con mayor naturalidad. O tal vez es que resulta complicado saber ciertas cosas si no las ves o no te hablan de ellas. Y mucho más si no las vives.

Durante el embarazo leí muchísimos libros sobre parto y lactancia. Tenía muy clara la diferencia entre *pos-*

tura, posición y *agarre*. Había hecho una sesión con Alba Padró para repasar todas mis dudas. Había visto mil vídeos. Había ensayado con muñecos incluso en la posición de rugby.

Me lo sabía todo. Hasta que tuve a mi hija en brazos y me di cuenta de que no sabía nada. Y es que cuando tienes al bebé, tan pequeño, tan frágil, la cosa cambia. Me daba miedo que mi hija se me cayera o que le pasara cualquier cosa. Bueno, ya lo sabes bien.

Me he sentido perdida en muchas ocasiones, pero, por suerte, la tribu estaba ahí. No sé qué hubiera sido de mí ni de mi lactancia sin ellas. Al segundo día de estar dando pecho me salieron grietas en los pezones y no sabía qué hacer. Si te pasa, puede que te dé vergüenza o no tengas los medios para contratar a una asesora de lactancia. Entonces lo más probable es que eso de darle teta se vaya a la mierda. Y es una pena, porque si para ti la lactancia es importante, vas a estar a punto de renunciar a ella. Y, entonces, la rueda del miedo vuelve a dar vueltas de nuevo: esa renuncia hace que vayas a tener un peor posparto y eso afectará también a tu salud mental. Para mí era muy importante que mi lactancia fuera exitosa. Y lo está siendo. Soy muy pesada, estudié y he estado dando mucho por saco a las integrantes de mi tribu con mil dudas, bajones y temores. Lo admito: me sentía sola y a veces sigo sintiéndome así. Qué suerte haber podido tejer esta red de mujeres tan bonitas...

Carlota, de Parto Positivo, me enseñó que todo lo que necesitaba ya estaba en mí. Mi cuerpo sabe parir y mi bebé sabe nacer. Es la naturaleza y está perfectamente diseñada. Si tú confías en que todo va a salir bien, saldrá. Ella me enseñó a ser paciente conmigo misma, a plantearme todas las opciones posibles de parto para que, pasara lo que pasara, no lo viviera como un fracaso.

Alba me enseñó a creer en mi instinto. Le hacía demasiadas preguntas técnicas y ella me sonreía y me decía: «Sabrás hacerlo, cree en tu instinto. Escúchate».

Noelia me enseñó que no estaba sola. Noelia fue y sigue siendo un punto de apoyo para mí. Ella SIEMPRE sabe qué decir, siempre tan precisa y cariñosa a la vez.

Amaya me enseñó que no estaba loca. Que lo que me pasaba ya les había pasado a muchas mujeres antes. Que no soy mala madre cuando siento que estoy agotada. Ella me ayuda a ver la luz al final del túnel.

Compartir con ellas cualquier palabra, mensaje, sonrisa, llamada o abrazo me sana.

13

SÉ LO QUE CUESTA

Hoy, justo en este instante, me cuesta menos mirar el pasado para conectarme con mis comienzos. Pero este ejercicio no siempre es fácil. Ya sabes que soy perseverante, así que busco en mi historia personal algunos recursos que me ayuden a sentirme mejor. Ver cómo actué y qué hice entonces también puede servirme para que hoy se reduzca mi angustia.

Mi vida dio otro vuelco a los veintiún años. Me marcó.

Yo no entré en la tele poco a poco y me fui haciendo un nombre, no, yo entré por la puerta grande en *Sé lo que hicisteis,* un programa de humor y actualidad con unas audiencias brutales. Eso hizo que empezase en la televisión siendo muy famosa. Pasé de cero a cien. Al día siguiente de firmar el contrato con la productora, ya tenía paparazis en la puerta de mi casa de Entrevías, en Vallecas. Recuerdo haber dicho, sorprendida y con mucha inocencia: «Mamá, ¿y estos a por quién vendrán?». Las fotos me las hacían a mí. El primer mes ya tuve que acostumbrarme a tener un montón de fotógrafos persiguiéndome pendientes de mis movimientos.

Pasé de ser una persona anónima y corriente, una chica de veintiún años que vivía en un barrio normal con un entorno normal, a ser superconocida. Reconozco que fue muy difícil gestionarlo mentalmente. Lo pienso ahora, y menos mal que no dejé la universidad, que seguí viviendo con mis padres y quedando con mi gente de Vallecas. Bueno, para ser honesta del todo, sí tuve tres meses en los que me creía que era alguien que no era, en los que parecía que no tenía los pies en la tierra, en los que pensaba que tenía nuevos amigos porque me codeaba con gente superfamosa y muchas personas se querían acercar a mí, e incluso me planteé dejar la universidad. Ahora miro atrás y me río, no me lo tengo en cuenta.

En cualquier caso, supe cómo volver a mí, retomar el camino —porque el desvío fue muy cortito— y ser quien siempre he sido. Por supuesto, mientras seguía trabajando en la televisión terminé las dos carreras que estaba estudiando en la universidad (Administración y Dirección de Empresas y una diplomatura en Turismo) y eso me hizo sentir muy feliz por haberlo conseguido, pero, sobre todo, por ver a mi madre orgullosa. Ahora que yo también soy madre entiendo tantos miedos que tenía ella...

Me siento muy unida a mis orígenes, sacando mi orgullo de pertenencia. Pero, claro, tan joven y ganándome tan bien la vida... Es comprensible que en algún momento quisiera darme un capricho caro.

Me hacía mucha ilusión tener un bolso de Loewe. Siempre que se lo veía a otras chicas pensaba:

«Algún día me lo compraré».

Así que fui a por él.

Llegué a la tienda de la marca, en la Gran Vía de Madrid, pero antes de entrar me vi reflejada en un espejo. Me miré y sentí que aquella persona no era yo. En ese momento podía permitírmelo, aunque... ¿cómo me iba a comprar un bolso que valía mucho más que el sueldo mensual de mi madre? ¿Acaso me estaba riendo de ella? Tuve aquella sensación y me escuché. Fui fiel a mí misma. No salí de aquella tienda con el bolso que yo quería, sino que me compré otro más chiquitito y asequible.

Siempre he sabido lo que vale el dinero y lo que cuesta conseguirlo.

Porque a los dieciséis años ya trabajaba. Los anuncios que hice antes de comenzar en La Sexta ni siquiera los hacía porque me creyera actriz o modelo. Los hacía porque podía ganar un dinero y colaborar en casa. Ahorraba y ahorraba. Siempre he sido muy hormiguita y eso no lo he perdido. He ido construyendo la imagen de quien soy de una manera muy natural, siendo natural. Nadie me ha regalado lo que he conseguido hasta ahora, pero no soy lo que tengo. Aquel día, en aquella tienda, sentí que si compraba ese bolso estaba fingiendo y forzándome a ser alguien que no era.

La verdad es que, al recordarlo, hasta me siento orgullosa.

Mis padres me lo han dado todo, pero venimos de una familia trabajadora y, aunque me lo daban todo, si yo quería algo más, me lo tenía que ganar. Ojalá pueda educar a mi hija de la misma manera que me han educado a mí. Porque creo mucho en la cultura del esfuerzo y en que cada uno debe buscar las oportunidades. Están ahí, aunque pueda parecernos que no.

No he tenido un padrino ni una madrina que me haya metido en ningún sitio. Y a algunas personas les molesta que me vayan bien las cosas. A Dabiz le ha pasado igual. Cuando contaba que él dormía en el restaurante o que ganaba mil euros al mes, todo el mundo pensaba «qué *crack,* cuánto esfuerzo»... Pero cuando le ha empezado a ir mejor también lo han criticado.

Antes, cuando entré en la tele, la gente decía: «Mira qué mona y qué dulce». Cuando fui siendo cada vez más popular, me criticaban por todo. Mi conclusión: les molesta que una tía de Vallecas haya llegado adonde ha llegado, haya construido lo que ha construido y siga siendo exitosa profesionalmente y encima haga lo que le salga del coño, que se ponga los vestidos que le dé la gana y siga y siga.

Tal vez también les moleste que Dabiz y yo formemos una pareja tan normal. A veces vamos a algún restaurante y aparecemos vestidos con vaqueros, una camiseta y unas zapatillas, y aparece otra pareja de famosos muy arreglados, cosa que no critico ni juzgo. «Cariño, parecemos dos perros mojados», le he dicho alguna vez. Tal vez esa normalidad incomoda un poco a la gente, que tengamos éxito siendo tan normales. Si hasta me casé en mi casa en vaqueros. Madre mía, la que se lio también por eso... Quien esperaba una gran boda con mil invitados y un vestido blanco es que claramente no me conoce. Yo soy una *rara avis,* porque no soy ni la presentadora al uso ni la *influencer* al uso. Lo mío es una mezcla que a veces no se entiende. Creo que levanto tanto odio porque muchos no saben dónde catalogarme exactamente.

Lo que sigue sorprendiéndome es cómo todo esto puede despertar tanta rabia en algunas personas. La primera vez que me di cuenta de lo mal que podía estar la gente fue cuando mi abuela, a quien me sentía tan unida, estaba a punto de morir. Por entonces, ya tenía un millón de seguidores en Twitter. Subí una foto nuestra en el hospital, muy simbólica, con el mensaje: «Venga, abuela, saldremos adelante y, pase lo que pase, siempre estaremos juntas».

Ese día me escribieron este tuit:

«Ojalá se muera la puta de tu abuela».

Tuve ganas de denunciarlo. Y ganas de otras cosas más, porque el primer impulso, cuando tocan a los míos, puede ser *contundente*. No quiero decir palabras de las que luego me pueda arrepentir. Pero más tarde, una vez que se redujo mi indignación, pensé:

«No me conoce; esta persona está deseando la muerte a mi abuela, a la que tampoco conoce... Qué falta de amor debe de estar sintiendo para decir una burrada así. Necesita cariño. Necesita un abrazo».

Cuando entendí eso, comencé a ver de otra manera el odio que se lanza en las redes. Aunque eso no quiere decir que no me siga haciendo daño.

Lo pienso millones de veces, sobre todo cuando las críticas vienen de una mujer.

«Si ella me está diciendo esto es porque seguramente ha tenido una experiencia en el pasado que le hace pensar así y sentirse así».

Eso me digo. Tal vez sea una forma de tratar de encontrar una razón lógica a esas reacciones tan terribles contra mí. Me encantaría hablar con ella, indagar en su actitud y decirle que tal vez a mí me ha pasado algo similar, que he sentido dolor y que hago esto o aquello. «Pruébalo, que seguro que te hará bien». Terminaría aconsejándola.

Si mañana se cae Instagram, sigo teniendo mi trabajo. Sigo haciendo *mis campanadas,* sigo haciendo un libro como este, sigo siendo embajadora de diversas marcas... Instagram también es una fuente de ingresos, obviamente, aunque he aprendido que diciendo «no» se puede llegar más lejos.

La lección es la asertividad.

Pero esto se aprende con el tiempo... No soy una persona ansiosa queriendo acapararlo todo y con la necesidad de estar en todas partes. Creo que la credibilidad está por encima de todo. Si no estoy en televisión, estoy en redes sociales, y viceversa. Me gusta mi trabajo, me siento realizada, me divierte presentar programas. Creo que soy una buena comunicadora y logro transmitir algo más. No dejo indiferente al público.

Hace poco encontré una frase que me hizo reflexionar precisamente para la escritura de este libro. Durante estas semanas me he ido apuntando algunas y se me ocurrió compartir una en Instagram. Es tal cual me siento: «No entendía la vida hasta que la tuve dentro de mí». Eso no quiere decir que yo no fuera feliz antes de ser madre o que no tuviera miedos, porque todavía los tengo. Solo que, hasta ahora, no me había planteado que algún día me moriré. Estando embarazada lo comencé a pensar, porque mi posición en el mundo ya es otra. Tengo una niña y sé que ella depende de mí. En estos textos, al igual que en las redes sociales, hablo sobre mí y solo de mí. Puede que lo que me haga reflexionar a mí a ti no te sirva. Llegué a preguntar a otras mujeres que no han sido madres o que no han podido serlo si realmente se sentían heridas por esta publicación. Su respuesta fue que no.

También me duele que ataquen a otras personas de mi entorno, o que han tenido un contacto puntual conmigo, precisamente por estar relacionadas con la Pedroche. No entiendo cómo pueden llegar tan lejos con el acoso valiéndose de mí. ¿Cómo no me va a dar miedo criar a mi hija en una sociedad así?

He sido muy fan de algunas personas, y de otras, mucho menos. ¿Pero qué les importará saber lo que yo pueda pensar sobre ellas? ¿Quién soy yo para criticarlas? ¿Por qué invertir mi tiempo y mi ánimo en ello?

Otro de mis problemas es que el odio que me destinan no se queda en mi Instagram, también se extiende por las cuentas de otros. De muchos. Por eso siempre necesito que mi entorno, cuando publique algo sobre mí, intente protegerme. Porque el *ciberbullying* no para. Durante catorce años, infinidad de personas anónimas se han volcado en hacerme daño. Haga lo que haga.

¿Por qué molestó tanto que yo pusiera a mi hija Pedroche antes que Muñoz si la ley lo permite? ¿Por qué, si ya hay muchas parejas que han decidido poner a sus hijos el apellido materno como el primero? ¿Cuál es el problema? Aquella polémica no la vi venir. Si ya han criticado a mi hija por llevar mi apellido, no quiero ni imaginar qué podría pasar si enseño una foto de ella. Me muero. ¿Cómo no iba a estar mal y no querer salir de casa tantas veces?

Mi vida es un poco así. Me recupero y, cuando estoy un poco mejor, recibo otro golpe. Y así sin parar.

Voy pasando pantallas de videojuego.

Creo que se tiene una visión de mí equivocada y solo hay que rascar un poco para conocerme de verdad. Pero no todo el mundo tiene ni el tiempo ni las ganas de rascar.

Lo que verdaderamente me duele es que puedan pensar que soy mala persona.

«A tus miedos, que son los normales en una madre anónima, se unen los que puede sentir un personaje famoso, e incluso los de tu pareja», me dice mi psicóloga. Pero, por más que reflexiono, no me entra en la cabeza ese nivel de ensañamiento en redes sociales; que la gente tenga tanta mala hostia y que se meta tanto en la vida de los demás; que solamente porque publique algo se sientan con el derecho de atacar a esa persona.

Me ven como a su vecina, como a la amiga de su hija... Se sienten con la libertad de hablarme como si me tuviesen al lado. Pero a ellas no les dirían lo mismo que a mí. Se sienten con el derecho de cuestionar todo lo que hago y decirme si les parece bien o les parece mal. Y esto en España ocurre con pocas personas. Yo soy una de ellas.

Es una mierda recibir hostias en las redes. Porque hay días en que esos golpes derivan en llorar y en querer esconderme todavía más.

Esto lo escribí el 26 de enero de 2023. Publiqué dos imágenes en Instagram. Salía de cuerpo entero, de cara y de perfil frente a un espejo. Mostraba la tripita que te-

Sé lo que cuesta

cristipedroche · Seguir

cristipedroche ·

Reconozco que me está costando subir cosas sobre el proceso personal tan grande que estoy viviendo porque me da miedo. Esto es lo más íntimo que tengo, lo más bonito que me ha pasado, y me da miedo no estar preparada para aguantar las malas palabras, las críticas y los malos comentarios.

Hoy, casi sin querer, he estado leyendo las burradas que me ponen en Twitter a raíz de la noticia de que voy a presentar un nuevo programa y, no os voy a engañar, me duelen.

Me duele que se critique sin verlo, sin darme una oportunidad, que parezca que nadie se alegra o incluso que me deseen mala suerte.

Y, repito, me duele, pero a este tipo de críticas estoy más acostumbrada (no por eso duele menos), pero no sé si estoy lista para enfrentarme a críticas sobre mi cuerpo por el embarazo o a cosas peores que no quiero ni mencionar.

Yo no trabajo solamente de mis redes sociales, mi profesión a día de hoy es otra, y si veo que a nivel personal me empieza a afectar, sintiéndolo mucho, tanto mi Instagram como mis otras redes sociales pasarán a ser únicamente sobre mi trabajo.

Sé que sois muchos los que me apoyáis y me dais cariño, pero en este momento de mi vida tengo que protegerme, protegernos, a mí y a mi bebé. Ojalá este fuera un sitio seguro donde poder mostraros mi cambio, contaros con toda la ilusión que tengo de cuántas semanas estoy, cómo lo estoy llevando, el sexo del bebé...

Pero me da miedo... 😔

208.727 10.672

Añade un comentario...

nía entonces, aparecía con un top y un pantalón de chándal, y con el llamador de ángeles que simboliza la unión entre la madre y el bebé y que me acompañó (y me salvó de algún golpe) durante todo el embarazo.

Me sabe muy mal cuando publico algo en redes y muchas de las críticas vienen de mujeres. Me entristece. Pero también sé que todos tenemos nuestros prejuicios, no sé qué han vivido y a lo mejor las que me critican lo hacen porque a ellas también las han criticado. No sabemos la mochila que cada una carga a sus espaldas. Yo también llevo la mía a cuestas. Otras veces reflexiono y pienso que se han dado muchísimos pasos, pero nuestra sociedad sigue siendo heteropatriarcal y machista. Cuando ven que otra mujer destaca, de repente, hay quien dice: «¿Y esta? ¿Pero de qué va?».

Hay que tener muy poca vida para dedicarte a meterte con otra persona en las redes.

Son cosas que en el fondo me dan pena. Si pudiera tener una conversación en profundidad con los que me critican... Sé que al hablar y analizarlo saldrían a la luz muchos de sus miedos.

Si pienso que algo puede ser bueno para las personas y, encima, yo lo estoy viviendo, me encanta difundirlo. A pesar de mensajes como...

«Anda, depresiva. Tú lo que necesitas es un psiquiatra».

«Tómate la pastillita, venga».

«¿Qué te crees? ¿Que eres la única madre del mundo?».

Y así sin parar.

Pero, por el contrario, otras madres me dan las gracias por contar cómo me siento.

«Menos mal, porque creía que me estaba volviendo loca».

Y esto sé que a la larga me compensará.

Cuando me dan palos, algunos días tengo ganas de tirar la toalla y reconducir mi profesión, porque me considero una tía muy válida, capaz de reinventarse. Muchas veces —cada día— he pensado en dejar las redes e incluso la televisión precisamente por esto: porque he recibido mucho odio. Y lo sigo recibiendo. Otras *influencers* tienen muchísimos seguidores y recogen comentarios negativos, pero no levantan ni la mitad de las ampollas que yo.

Pienso que tal vez no debería publicar ciertas cosas, pero es que a mí me importan y me apetece hacerlo. Algunas de las ideas que comparto, muchas sobre la crianza, pueden ser útiles para aquellas personas que se encuentran en una situación similar. Cuando hablé de BLW, Alba me dijo que había varias madres que habían hecho este taller y el de primeros auxilios en LactApp porque habían visto que la Pedroche lo hacía y hablaba de ello en Instagram.

De repente, que pasen este tipo de cosas me ilumina la vida. Es como un soplo de aire fresco. Me reafirma también en mis convicciones. Sé que tengo un altavoz muy grande.

Cuando empecé en televisión, hace catorce años, les pedí a mis padres que no leyeran nada de lo que se decía de mí en las redes sociales. Y así lo hacen. Lógicamente, se enteran de muchas cosas porque hay críticas que traspasan la pantalla y algún amigo se lo comenta, pero si ellos lo leen o terminan sabiéndolo, no me dicen nada, cosa que agradezco.

Por mi propia salud mental, solo entro a Instagram unos minutos al día. Tengo un medidor de tiempo. Cuando cumplo con el tiempo establecido, se acabó. Tal vez me autoengañe. Pero me digo:

«Cris, déjalo estar, mañana será otro día».

Y ¿sabes qué? Que a veces una puede toparse en la vida real con personas que, espontáneamente, te digan que te siguen, que les encantas, que se divierten contigo, que toman nota de algunos consejos que difundes en redes y que tampoco les gustan algunos mensajes de odio. Incluso, en un avión, un hombre majísimo me dijo que, gracias a que yo había contado que había tenido un parto natural, su mujer se había preparado y había tenido el parto de sus sueños. Que fue salvaje y precioso, sin epidural, y que estaban muy felices por haber acompañado a su hijo a nacer de esa forma.

A todas estas personas, que se solidarizan conmigo y que me dan tanto cariño, solo me cabe darles las GRACIAS de corazón. Que sepáis que también me siento sostenida por vosotros.

14

¿SERÁ MEJOR ESCONDERSE?

Necesito privacidad y proteger el vínculo que estoy construyendo con mi hija. La lactancia, además de maravillosa, es libre, y no pasa nada por enseñar la teta. Pero si estoy en un lugar público y voy a darle el pecho a mi hija, todo el mundo, además de mirar, saca el móvil para hacer fotos o vídeos. Por eso, solo lo hago donde me siento cómoda, en mis lugares seguros. Es muy incómodo tener que dar la teta tapándose. Me molesta. Necesito estar relajada, sentirme lo mejor posible, que mi hija coma tranquila y que las dos disfrutemos de ese momento.

Me gustaría hacer un pequeño paréntesis antes de seguir con algo que sigue revolviéndome. Voy a coger un poco de fuerzas poniéndome guerrera con este asunto: las madres nos sentimos poco apoyadas o cuestionadas todo el rato. Y eso es MUY cansado. En el caso de la lactancia, no es que tengamos que convencer a las madres para que den teta, sino que hay que darles soluciones si se encuentran con dificultades y apoyarlas para que puedan hacerlo.

De verdad pienso que no se trata de convencernos sobre el beneficio de amamantar, sino que hay que convencer a la sociedad sobre el beneficio de que las madres demos el pecho. Necesitamos más recursos, que los adolescentes tengan una buena educación sexual, y eso incluye la lactancia, que durante el embarazo haya figuras formadas que den información actualizada no solo sobre el parto, que a nivel hospitalario tengamos matronas, que estas tengan tiempo para acompañar en el posparto, que el posparto no sea un desierto de «ya te apañarás», grupos de apoyo, pediatras formados y actualizados, acceso a *apps,* libros, a otras madres, atención a la salud mental...

«Siempre que una madre tenga información y apoyo, tomará buenas decisiones», defienden desde LactApp, la mejor aplicación sobre lactancia y la más completa. No pueden tener más razón.

Imagínate que a algo tan importante y natural tengamos que añadirle nuevos problemas. Como en mi caso. Preocupada y segura de lo que hacía, me compré un pañuelo de lactancia para proteger la identidad de mi hija, porque me da pánico que puedan manipular su imagen, como ya han hecho conmigo. Creo que no está bien que los menores estén en redes sociales, porque no sabes en manos de quién van a acabar esas fotos o vídeos. Tengo amigos que tienen hijos y que suben su imagen a redes porque tienen menos seguidores o porque los que tienen son más amables. A mí me da mucho miedo, la verdad.

No me olvido nunca de que los padres y las madres somos sus figuras de apego y de protección principales.

No quiero que digan si es fea o guapa, si es rubia o morena, si es grande o pequeña, qué ojos tiene o su nariz. Los bebés son lo más puro que hay. Miro a mi hija y me digo:

«Si es que es perfecta».

No voy a dejar que nadie la haga sentir insegura, porque ya de por sí vivimos en una sociedad en la que las mujeres nos sentimos más inseguras con nuestro cuerpo, sobre todo en la adolescencia.

No voy a permitir que nadie la haga más insegura. La voy a proteger todo lo que pueda. Aunque habrá un momento en el que ella decida y deba valerse por sí misma.

A mí me han hecho daño. Pero me he sentido mejor o peor dependiendo del día. Había días en los que me daba igual que se metieran con mi físico. Aprendí a darle la vuelta a la tortilla si me llegaban mensajes u opiniones que iban directas a herirme. Era mi manera de plantarles cara. **Me llamaban «la ballena de Vallecas», porque decían que estaba gorda. ¿Y qué hice yo? Empecé a llamarme a mí misma «la ballena de Vallecas». Le di la vuelta.**

Pero nunca haces lo apropiado para ciertas personas, y cada una tiene su propio punto de vista. En la misma publicación me llamaban gorda y tísica a la vez. A mí siempre se me dice de todo.

Así que lo que debe preocuparte es lo que tú sientas y creas.

Me lo repito y me lo digo a mí misma siempre. Pero me duele que jueguen con mis sentimientos o que haya críticas sobre mi cuerpo. Sí, a veces duele y otras veces, no. O duele menos.

Te acostumbras.

Las críticas destructivas no llevan a ningún lugar. Más bien me llevan a un camino por el que no quiero transitar. Sé que muchas personas encuentran en las redes el lugar idóneo para soltar su frustración.

El cuerpo perfecto no existe o, mejor dicho, todos los cuerpos son perfectos, porque nos permiten vivir. No va a haber otro cuerpo con el que pases más tiempo que con el tuyo propio. Y yo recomiendo cuidarlo al máximo. Esto va más allá del físico o de la belleza. Tiene que ver con la salud. Siempre he sido muy deportista y me siento afortunada porque no he tenido que pasar por ninguna enfermedad grave. Sí, las enfermedades llegan y hay cosas que no puedes controlar. Pero yo no voy a dejar de entrenar mientras pueda. El músculo es salud y una inversión para el futuro. Si tienes músculo, proteges tus articulaciones. Significa que tus huesos están más protegidos. Esto ayudará a que mi vejez pueda ser mejor.

Me miro al espejo y pienso que debo estar bien para mi hija. Yo soy su sostén. Tengo que estar fuerte y sana. Recordemos que mi cuerpo es su refugio.

No me he permitido estar mal físicamente. Con el embarazo, el cuerpo da un vuelco bestial. Tienes al bebé, pierdes kilos y otros se quedan porque es natural; tu cuerpo se ha transformado. Entonces hay como mucha presión social para que estés maravillosamente bien.

A las tres semanas de haber parido estaba físicamente recuperada, perfecta. Parecía que no había pasado por un embarazo. Perdí incluso más kilos de los que había cogido durante el embarazo (había engordado ocho). Me cuidé muchísimo... Entonces se me ocurrió la loca idea de mostrarme en redes tal y como estaba. Y se me criticó de nuevo por enseñar mi cuerpo real de posparto. Se me acusó de meter presión a las mujeres que no se quedaban como yo, que lo mío no era real.

Pero es que esa ERA yo. La realidad es la que es, ya sea con tres o diez kilos de más o de menos.

Esto me hizo muchísimo daño, porque JAMÁS le diría a otra mujer cómo debe ser su cuerpo, y mucho menos después de algo tan importante como un parto. Lo único que quería demostrar era que, con una alimentación sana y con deporte, no solo estás cuidando a tu bebé (eso es lo principal). A poco que hagas algo de deporte durante el embarazo, lo notarás y estarás cuidando de ti misma.

Ya había contado que estaba teniendo un posparto duro, es decir, que anímicamente estaba hecha una mierda, pero, como físicamente estaba bien, no se me dio ninguna credibilidad y me hicieron unas críticas feroces. Y eso supuso más peso en la mochila. Más encierro en mí misma.

He achacado mis miedos al cóctel explosivo de hormonas y me digo:

«Esto se me pasará».

Pero no se pasa del todo. Así llevo ocho meses.

¿Cuándo pasará?

15

EL DUELO POR LA PEDROCHE QUE FUI

No es una ola ni un tsunami. Esto que siento es muchísimo más devastador.

Sé que tengo que acostumbrarme a mi nueva yo, a mi nueva vida, a mi nueva relación con Dabiz, a mi nueva relación con mis padres, a mi nueva relación con mis amigas, a mi nueva relación con los *hobbies,* a mi nueva relación con todo. Es imposible lograrlo con tan poco tiempo. Lo sé, pero, a la vez, me angustia.

Creo que la satisfacción personal está vinculada al ser y no al tener. «Pero si lo tienes todo», me dicen. ¡Qué tendrá que ver una cosa con la otra! Tenerlo todo no cambia mi ánimo. Y no puedo negar cómo me siento. Mi psicóloga habla de validar mis emociones. **Es lo que deberíamos hacer todos: aceptar lo bueno y lo menos bueno.** La oscuridad y la luz. Ambas cosas forman parte de nosotros.

Así que a veces me empeño en repetírmelo:

«Lo tengo todo y todo está bien».

Pero, de repente, me pongo supertriste. Lloro sin motivo aparente y el detonante puede ser cualquier cosa. Aunque alguna razón hay. Una de ellas es que *esto* está unido al duelo por la Pedroche que fui. Al parecer, me estoy despidiendo de ella. O sea, de mí misma.

Cuando le vi la cara a mi hija me di cuenta de que no había vuelta atrás.

El mundo que yo conocía hasta el 14 de julio de 2023 ya no existe. Ahora es otro. Y yo también.

Laia nació en verano y yo no fui a trabajar hasta octubre, pero por entonces ya había comenzado mi terapia. Hice mi primera aparición en un programa de televisión en el que iba a promocionar mi nuevo concurso, que ya se estaba emitiendo, pero lógicamente también me preguntaron por mi recién estrenada maternidad. «Hace dos meses nació mi hija, pero también nací yo como madre. Tengo nuevos miedos que antes no tenía. De repente..., me hago pequeña. Conlleva muchas luces, un amor a raudales, pero muchas sombras», admití. Hablé muy abiertamente, me notaba especialmente sensible, pero mantuve el tipo.

Luego, semanas después, fui la protagonista de un programa de entretenimiento donde me hicieron otra entrevista más en profundidad para promocionar *Las campanadas,* porque se emitiría en diciembre, aunque lo grabamos a finales de octubre. Todo quedó muy bien, ya sabes que el humor es una buena herramienta para esconderse, pero admito que me costó aparentar que me sentía mejor de lo que realmente estaba.

Me fui reincorporando poco a poco a *Zapeando,* donde tengo un horario muy cómodo para organizarme con la niña, solo me salto una toma y ni eso, porque siempre me espera. No me voy de casa a las ocho de la mañana y vuelvo a las ocho de la noche. Si me comparo con otros, pienso:

«Joder, qué fácil lo tengo».

Pero cada una encuentra sus problemas en su realidad. Y mi presente, ahora mismo, no está siendo fácil.

A veces pienso que me voy a trabajar para que me pongan guapa, me hagan una entrevista o una sesión de fotos, ¿y para eso dejo a mi hija? Me digo a mí misma:

«Cris, es tu trabajo y es lo que toca hacer».

Pero... me siento mal. A veces vivo en una contradicción permanente. Si puedo evitar ciertas cosas, las evito. Incluso evito conversaciones en las que pueda parecer que yo querría presentar un programa que rompería con mi rutina de ahora. No me postulo, cuando antes siempre lo hacía y estaba dispuesta a todo.

¿Estaré dejando de lado mi carrera profesional?

Ahora estoy en «modo madre». Es lo que más feliz me hace, no necesito más, aunque sigo cuidando a la profesional que soy. Otra cosa son las ganas... Por ejemplo, cuando reflexiono sobre qué ejemplo quiero darle a mi hija, pienso en que me encantaba ver a las mujeres de mi familia tan independientes, fuertes, trabajadoras... He pensado sobre esto porque he tenido un momento de bajón al no querer trabajar. A menudo me pregunto qué necesidad tengo de hacer ciertas cosas cuando lo que deseo es estar todo el rato con mi hija. ¿Qué hay dentro de mí que me empuja a seguir trabajando? El deseo de ser un buen ejemplo para ella.

Mi psicóloga siempre me dice que no me olvide de mi esfera profesional y que me pregunte qué es lo que busco para sentirme realizada. Algunas personas buscan estabilidad económica y no priorizan tanto el tipo de trabajo que hagan. Yo sé que puedo sentirme exitosa y valorada de muchas maneras. No voy a dejar ningún proyecto, siempre y cuando pueda estar con mi hija. Antes de que me dé cuenta cumplirá un año. Los trabajos pueden esperar, los programas pueden esperar, muchas cosas pueden esperar. El tiempo pasa muy rápido. Lo ideal sería que el mundo estuviese pensado de tal forma que profesionalmente las mujeres pudiésemos tener una buena carrera y a la vez combinarla con la crianza y la familia. Ojalá todos pudiésemos remar en ese sentido.

Aunque ahora pienso que solo me apetece estar con ella y que no deseo que se haga mayor, en el fondo me sentiré orgullosa de que sea una mujer fuerte, valiente e independiente... Pero que me llame todos los días y me conteste a los mensajes, eh. Ojalá el vínculo que tenemos ahora sea para siempre. Yo voy a poner todo de mi parte para que así sea.

«Tus hijos no recordarán cuántas cosas materiales tenían, se acordarán de todo el amor y cariño que les diste». Esto me lo han dicho personas a las que les tengo mucho cariño y me ha hecho reflexionar sobre el tipo de madre que quiero ser.

La verdad es que pensar en esto me hace recordar las ganas que tenía de que llegara mi padre de trabajar para estar con él y el ratito que pasaba viendo la tele con mi madre después de la clase de inglés y antes de cenar.

Pero, ahora que soy madre, sobre todo me acuerdo de que, pasara lo que pasara, siempre estaban conmigo. Aunque, para ser justa, eso no me hace falta recordarlo, porque sigue siendo exactamente igual hoy.

Mis padres son la suerte de mi vida.

Mi familia es mi suerte.

Creo que *demasiado* amor no hace que los niños sean malcriados. Los hijos se vuelven consentidos y malcriados cuando se les dan cosas para sustituir la presencia y el amor de los padres. Por eso, **yo quiero ser una madre presente,** estar siempre para lo que necesite. Escucharla y saber entenderla. Darle lo que necesite en cada momento.

Paciencia y amor me sobran.

Te confesaré otro miedo que tengo. Hace dos días comencé a sentirme mal pensando en el futuro. No quiero hacerlo, pero hay veces que me resulta inevitable pensar en lo que vendrá. Comencé a indagar en otro de mis deseos:

me encantaría tener más hijos. Seis, en realidad. ¿Te imaginas? Exagero, claro. Pero por lo menos un niño o una niña más. Y no me importaría que fuese pronto. Pero ese deseo me llevó a pensar que si tengo otro hijo, qué egoísta por mi parte, porque Laia es muy pequeña todavía, no sabe hablar y no puede decirme si le gustaría o no tener un hermano. ¿Y si ella no quiere? ¿Y si, al tener otro, no le puedo dar a ella todo lo que necesita y sí estoy dándole ahora? Entonces, me digo, soy una mala madre por desear otro bebé.

La maternidad me hace estar un poco *loca*.

Pero, al final, creo que cuando caemos en un bucle mental, también podemos notar o ver alguna señal positiva. De repente, puede aparecer un rayo de luz en la oscuridad. Hay esperanza incluso sintiéndose sobrepasada o terriblemente triste.

También soy de las que piensan que todo sucede por algo y todo siempre irá a mejor. Si es que la teoría me la sé muy bien... Pero no puedo evitar sentir la rotura entre la mujer que era y la que soy hoy. Algo se ha quebrado en mí. Asumirlo me ayuda a sobrellevar el vaivén emocional en el que sigo.

Cuando salga de esta, no voy a esconder mis cicatrices.

Me encantaba mi estilo de vida de antes: salía, entraba, viajaba, gozaba de mi trabajo... Disfrutaba del día a día sin ataduras. A pesar del dolor, ahora también me siento llena, porque veo a mi hija, y es que la amo...

A veces pienso:

«¡Cómo he vivido yo tantos años sin *esta señora*!».

El veredicto es que ni antes era más feliz que ahora ni al revés. Ahora soy distinta. He pasado de ser una mujer libre a una mujer libre y madre. Cambian las prioridades. Pero sigo siendo libre para tomar las decisiones que quiero y que mejor encajan con mi vida de ahora. Laia no ha venido al mundo para hacerme feliz. Por muy feliz que me haga y aunque sea el centro de mi vida. Me parecería egoísta tener hijos con ese fin. Porque entonces querríamos que estuviesen a nuestro lado para colmarnos a todas horas y durante toda nuestra vida. Y eso no va a pasar.

Sí, mi hija no ha venido al mundo a hacerme feliz a mí. Ella tiene que ser feliz por sí misma. Debe tener su propia vida, sus propios sueños y metas. Creo que mi trabajo es darle todas las herramientas posibles para que lo consiga; para que llegue a donde ella, y solo ella, quiera llegar.

Yo siempre estaré a su lado.

Varias frases e ideas me ayudan con este pensamiento. Una equipara a los hijos con los barcos, que deben salir y vivir sus propias tempestades. Nosotros, los padres, somos como los puertos, porque siempre estamos ahí para que puedan llegar, recargar energía y seguir adelante.

La música también me inspira. Hay una canción de Conchita, *El viaje,* que me traslada a lo inevitable, a ese momento en el que Laia deberá caminar por sí misma. Yo soltaré su mano, pero sin dejar de cuidarla, observándola, al menos, de reojo.

Los hijos vuelan, como también volamos nosotros. Es curioso cómo comienzo a comprender muchas de las cosas que me decían mis padres o lo que comentaban siendo yo una cría que pegaba la oreja. Supongo que esto, además de la madurez, te lo da el haber formado una familia propia y querer protegerla a toda costa.

Hay que buscar la felicidad en uno mismo y no caer en el error de compararnos con los demás. El otro día vi un vídeo en el que hacían una prueba a dos niños a la vez. A uno le daban un caramelo y le preguntaban si era feliz, y decía que mucho; luego, al otro le daban dos caramelos y volvían a preguntar al primero. Su respuesta: ya no era tan feliz, le parecía que era injusto que su compañero tuviera más caramelos que él. Me parece una forma muy sencilla de entender lo que nos pasa a todos en algunas ocasiones: nos fijamos en el otro y no damos valor a lo que ya tenemos.

Siempre he sido feliz porque le doy todo el valor a tener a los míos sanos y cerca. Creo que no hay nada más importante. Si hay salud, todo lo demás puede venir. Soy muy trabajadora y disciplinada, y si quiero algo trabajaré duro para conseguirlo. Sentirme realizada me lleva a la felicidad. Pero me puedo sentir realizada de muchas formas. Por ejemplo, simplemente hacer lo que me haya propuesto en el día y conseguir llegar a todo me hace sentirme bien.

Una amiga me ha dicho hoy que me tengo que cuidar y ponerme en primera posición porque siempre he sido, soy y seré la mujer de mi vida. Por un lado, creo que tiene razón, pero, por otro lado, no. Ahora mismo pienso que mi razón de ser en el mundo se basa principalmente en cuidar y hacer feliz a la mujer de mi vida, que es mi hija. Quizás dentro de un tiempo piense de otro modo. O no.

Ella es lo primero, y yo voy después.

Lo importante es tratar de ser feliz en cada etapa, porque no sabemos cuándo se va a acabar todo esto. Me aferro mucho al aquí y al ahora. He ido aprendiendo a centrarme en el hoy, por muy angustioso que pueda parecerme a veces. El pasado no volverá y el futuro tampoco está en nuestras manos.

Mientras escribo esto, me viene a la mente lo importante que es ver las cosas de una forma distinta. De recomponerse. Creo que todos tenemos ese poder y esa fuerza, aunque haya días que nos cueste vernos así. Si me abro de esta manera ante los demás es porque creo de verdad que compartir estos pensamientos y emociones me va a ayudar. No puedo controlar el retorno que tenga todo esto ni cómo lo encajarán ciertas personas, pero fijándome en mi tribu y en cómo me ha sanado compartir, sé que a largo plazo este ejercicio de honestidad puede aportarme cosas buenas. Cosas bonitas.

A grandes rasgos, la Pedroche de antes volverá. No la que no era madre y no sabía que existía este amor tan inmenso y estos miedos que me atrapan, pero sí la mujer con ilusión, la divertida y la payasa, la que hace reír a los demás. Yo creo que esa volverá, o al menos yo la espero.

A veces me pregunto qué le diría a mi yo del pasado. La respuesta es nada. Porque si le dijese que se fuera preparando para lo que vendrá, el presente podría ser peor. Sigo pensando que de los errores se aprende, así que ni siquiera le diría a la persona que fui que no los cometiera otra vez. Bueno, sí que le hubiera chivado que esto iba a ser duro, mucho más de lo que se hubiera imaginado, pero que no piense que está loca ni que está sola.

Y esto también vale para aquellas mujeres a las que les cuesta sacar fuerzas, que tienen la autoestima baja o que se ven sobrepasadas.

Que no os dé vergüenza buscar ayuda.

16

INCOMPRENDIDAS

A veces siento que los míos me apoyan, pero no me comprenden. Mi hija es pura felicidad y, afortunadamente, está muy bien. Yo soy su esclava de amor y lo asumo con todas las consecuencias. Pero también creo que, cuando el bebé lo tiene todo, también deberíamos cuidar a las madres.

Necesito que la gente de mi alrededor, aunque hayan pasado ocho meses y piense que ya estoy bien, entienda que no lo estoy. Cuando doy un paso hacia delante y me dicen: «Si es que lo tienes todo» o «No te puedes quejar», doy dos pasos más hacia atrás.

Es frustrante.

Todo el mundo opina. A las mujeres se nos cuestiona todo en general: cómo criamos, cómo actuamos, qué decisiones tomamos en el trabajo, en el amor, qué hacemos con nuestro dinero... Si eres mujer, todo el mundo opinará sobre ti y tratará de explicarte cómo te sientes a pesar de que seas tú la protagonista y quien, precisamente, lo está sintiendo. La maternidad lleva consigo escuchar frases absurdas que algunas veces me sacan de quicio y otras me hacen llorar. Sé que he tomado decisiones y que sigo tomando decisiones que mi familia no termina de entender. Sí las comparten y sí me ayudan en todo, pero no les encuentran el mismo sentido que yo. Quizás porque somos de generaciones distintas y antes se hacían las cosas de otra forma.

Cuando Laia llora se me desgarra el alma. Ocho meses después me sigue pasando. Así que la atiendo al instante. Odio la frase:

«Déjala que llore, que se tiene que acostumbrar».

O

«Cogiéndola la estás malacostumbrando».

¿A qué? ¿A que la quiera? ¿A que note que su madre la ama por encima de todo? La estamos acostumbrando a sentirse querida. Qué maravilla, ¿no? Siempre que pueda la cogeré. Sé que hay personas que piensan que eso no está bien del todo, que puede ser un error. Son modelos de crianza diferentes.

«¿Por qué no duermes más por la noche?».

Porque quiero estar disponible para cuando ella quiera y me necesite. Y hay veces que me desvelo y me quedo observándola dormir, porque me da mucha paz, o incluso me pongo a ver sus fotos y vídeos, aunque la tenga al lado.

«¿No le das nada de azúcar? Si antes os dábamos y no pasa nada».

No me parece una buena idea darle ni siquiera para que la pruebe antes de los dos años. Nuestra generación y las anteriores nos hemos metido mucho azúcar en el cuerpo a base de alimentos procesados. Y eso pasa factura. Solo pensar en las meriendas que tomábamos... Menudos picos de azúcar en sangre. Cuando sea mayor, que ella decida, sabrá qué opción tomar, pero me gustaría alejarla de esta forma de alimentarse. Está demostradísimo que no es saludable. No quiero ser una madre restrictiva, un día puntualmente no pasa nada, pero no quiero que por sistema se alimente mal.

«Uy, llevas a la niña sin calcetines y sin zapatos, ¿no va a coger frío?».

Qué frase más antigua, de verdad. Está más que demostrado que «los virus no entran por los pies», como bien dice Lucía Galán. Y también sé, porque sigo, admiro y quiero mucho a Neus Moya, la mejor podóloga infantil, que cuando son tan pequeños los pies tienen casi más sensibilidad que las manos y es muy importante dejarlos siempre al aire para que estén en contacto con distintas texturas y para que descubran el mundo.

«¿Por qué no duerme ella sola en su cama todas las noches? Es mejor».

¿De verdad? Hacemos colecho. Y no todo el mundo lo ve bien. Creo que no pasa nada porque la niña duerma conmigo todas las noches. Llegará el día en el que ella sola reclame su espacio. No conozco a nadie que con treinta y cinco años siga durmiendo con sus padres.

Si es lo mejor para ella, es lo mejor para mí.

«¿Por qué no le quitas la teta por la noche? Dale un biberón con un poquito de cereales».

La Organización Mundial de la Salud (OMS) recomienda que los bebés sean amamantados exclusivamente durante los primeros seis meses de vida y después introducir alimentos complementarios nutricionalmente adecuados y seguros, mientras se continúa con la lactancia materna hasta los dos años de edad o más. Eso es lo que dice la OMS, luego cada mujer y cada familia deben hacer lo que mejor les venga y puedan según sus circunstancias. Y la teta es siempre a demanda. Porque, además, hay que entender que los bebés hacen dos tipos de succión, la nutritiva (cuando comen) y la no nutritiva o afectiva. Así que siempre a demanda para lo que necesite. Por eso mismo, no debemos hacer caso al típico comentario de «Te está usando de chupete». ¡Como si el chupete hubiera existido antes que la teta!

En fin... Sea por lo que sea, a una mujer siempre se la cuestiona.

Y si ya de por sí te están cuestionando todo el rato, si te ven cansada o has tenido algún disgusto durante la lactancia, optan por decirte que la dejes.

Yo siempre he pensado que, si tenía un bebé, debía tenerlo 24/7 y estar ahí siempre que lo necesitase, dárselo todo y estar en calma. No me cuestioné nunca lo de darle o no el pecho. No todo el mundo cría igual a sus hijos, hay quien siente rechazo o incomodidad, y lo respeto.

¿Por qué cuando una madre amamanta a su hija o hijo con dos años o más a veces siente vergüenza y cree que debe taparse? Porque *la sociedad lo dice.*

La teta, a mí, solo me da cosas buenas. Sé que puedes establecer el vínculo con tu hijo también de otra forma, hay muchos métodos, pero su sistema inmune sale muy beneficiado con la lactancia. Por no hablar de su microbiota.

Para mí no hay momento más feliz del día. Y sé que para ella tampoco. Las dos estamos muy a gusto. Cómo me mira y el chute de oxitocina que se genera... Me mata de amor. Estoy todo el día muriéndome de amor. Si ya de por sí trato de protegerme a mí misma, cómo no voy a protegerla a ella... Es mi cachorra.

17

ESCUCHA MIS QUEJAS

Muchas veces me quejo a mi familia, mis amigos, mi psicóloga... Me quejo porque estoy cansada, porque despertarme cada dos, tres o cuatro horas es duro. Reconozco que demasiado cansancio acumulado no me hace ver con nitidez las cosas.

Solo quiero que validen mis sentimientos, solo quiero sentirme escuchada. Hay días en los que solo quiero que me digan que están ahí para mí, que soy buena madre, mientras que otros yo misma me lo digo al ver a mi hija crecer tan feliz. Hay días en los que no quiero que me den posibles soluciones, porque yo sé cuáles son las opciones.

Solo necesito cariño. A veces me siento necesitada de un abrazo.

Solo necesito *ser vista*.

Aunque a veces lo dude y aunque a veces tenga miedo..., sé que lo estoy haciendo bien. Y eso es lo que me tengo que repetir todo el rato.

Al ser hija única, quizás he sido siempre más independiente, ya que he crecido mirando por mí, cuidándome sola y gestionando muy bien los silencios. Eso no quiere decir que no haya tenido una familia maravillosa que me ha cuidado a la perfección. Cuando era pequeña, mi tía y mi prima Marta —solo nos llevamos cuatro meses y es como una hermana para mí— vivían puerta con puerta y siempre estábamos juntas; pero cuando nos enfadábamos o cuando necesitaba mi espacio, ella se iba a su casa y yo a la mía, buscaba mi independencia.

Nunca he necesitado a nadie para sentirme completa. Y siempre he sabido manejar lo de estar sola, incluso estando rodeada de gente. Mi marido también es muy independiente y su trabajo también implica un desgaste físico importante y horarios que no siguen una rutina calificada como normal, así que he pasado muchas tardes sola en casa disfrutando del silencio.

No tengo un *pero* hacia Dabiz. Me cuida, me dice cosas bonitas. Se implica en la crianza. Pero la mía es una soledad extraña y nueva. Antes podía sentirme sola rodeada de mucha gente, pero no con esta tristeza que me atrapa por momentos.

La niña está bien. La miro ahora dormidita y da gusto observarla. Come increíble, es activa y despierta, descansa... Tengo un marido maravilloso, una familia sana que está pendiente de mí y que me quiere.

¿Y por qué lloro?

No me queda otra que aceptarlo. Antes lloraba a todas horas. Ahora solo una vez al día, o tal vez alguna vez más. Pero ahora reconozco que esa misma soledad tiene tantos matices como el miedo que siento. Es una soledad distinta. Porque puede llegar a ser más amarga e incluso pasar desapercibida. ¿Quién no se ha sentido solo o sola en una sala llena de otras personas?

Asumo que **mi gran problema han sido las expectativas.** De siempre. Me marco unas expectativas superaltas con todo el mundo: en cuanto a la amistad, en cuanto al amor, en cuanto a lo que me debería decir la gente, en cuanto al trabajo..., en cuanto a todo. Al ser así puede parecer que nunca me siento satisfecha.

Que no soy feliz (aun siéndolo).

Me he analizado y sigo haciéndolo. Si nunca estoy contenta es porque nunca nadie hace exactamente las cosas como yo me he imaginado que las haría, lo cual es imposible. Pero, entonces, la maternidad hace que todo esto dé un vuelco y me ponga frente al espejo de mis propias expectativas.

«Respira, Pedro, respira...».

Dedicarles un rato a mis respiraciones ascendentes, salir de paseo para que me dé el aire, meditar, comer sano, leer... Creo en el poder de las pequeñas cosas cuando estoy gris oscuro. A veces con escucharme ya me vale. Pero no todo el mundo está dispuesto a pararse y mirar en su interior. Rebuscar duele. Da vértigo. Muchas veces tengo suficiente con escucharme, pero me analizo muchísimo —ya sabes, voy a tope con todo— y escribir este libro me está sirviendo para sacar a la luz aquello que creía enterrado. **Ojalá que de todo esto consiga un nuevo aprendizaje. Me digo a mí misma que valdrá la pena. Sé que terminaré dando las gracias a mis miedos.**

Creo que mis ganas por hacer otras cosas volverán; de hecho, me atrevería a decir que a veces parece que están ya.

Hay veces que me apetece hacer cosas fuera de casa, pero, al no ver claro cómo organizarme con la niña, dejo de hacerlas. Y no hablo de ir al cine sola, como solía hacer antes de estar embarazada. Hablo incluso de hacer cosas con ella, pero es que me da miedo todavía ir en el coche solas las dos, por eso siempre voy con mis padres o con Dabiz.

A veces me apetecería quedar con alguna amiga fuera, pero todavía no me atrevo demasiado. Hace unos meses quise ir al teatro, porque había en cartel una obra que me llamaba mucho la atención, pero no lo hice. Me dio mucha angustia salir, y eso que tenía la entrada comprada... **Lo que peor llevo es decepcionarme a mí misma,** como en este caso. Por eso me protejo y no le cuento a nadie mis intenciones por si al final no lo hago (lo que pasa casi siempre) y así solo me decepciono a mí. Lo del teatro no se lo había contado a mi madre, aunque ella ya venía a quedarse con la niña, pero finalmente no fui y nos quedamos en casa. A veces, también hago como que me voy a echar la siesta, aunque soy incapaz de dormir y me quedo llorando en la habitación. Intento evitar que me vean, porque la mitad de las veces no sé ni qué decir sobre lo que me pasa.

Hoy simplemente he llorado de pena al pensar que Laia podría querer más a mi madre que a mí. Mamá, cuando leas esto, que no te sepa mal. Es que a veces me salen unos celos absurdos.

De la maternidad no se sale.

Odio las frases hechas del tipo:

«Niños pequeños, problemas pequeños; niños grandes, problemas grandes».

Reconozco que me molestan porque creo que el refranero tiene toda la razón. Antes, cuando Laia era una recién nacida, aunque yo tuviera muchísimos miedos, ella en sí era un trozo de pan, muy tranquila. Ahora que ya quiere empezar a andar y está todo el rato gateando y no ve el peligro de nada, los miedos se multiplican.

Lo peor es que creo que, según vaya creciendo, se van a ir multiplicando aún más. La maternidad es para siempre y no puedo cambiar ni frenar el tiempo. Mi única solución es adaptarme. Ser flexible y paciente. Muy paciente. Tengo que seguir trabajando con mi psicóloga para tener herramientas e intentar no agobiarme tanto cuando ocurran cosas, porque, aunque ponga todo mi empeño en evitarlo, algo pasará. Solo rezo por que sea lo más nimio posible.

Esta mañana estaba en el baño y he escuchado que se movía de la cama, estaba con mil cojines alrededor haciendo de muralla e incluso una valla, y el colchón en el suelo, como ya te he contado; he intentado darme prisa, pero a los dos segundos he escuchado un golpe. No ha pasado nada, pero inmediatamente antes de comprobarlo me he vuelto a sentir la peor madre del mundo.

Desde que nació, soy capaz de ir al baño y hacerlo casi todo en diez segundos como mucho. Deja que le ponga un poco de humor a este carrusel de vida que llevo... Mis rutinas de aseo han cambiado muchísimo y eso sí que me gustaría que algún día volviera a la normalidad. Me gustaría volver a ducharme sin tener que estar parando el agua todo el rato porque me parece escuchar a Laia llorando. Me gustaría volver a lavarme los dientes con tiempo, con tranquilidad. Me gustaría algún día darme un baño en silencio, sin mirar la hora en el móvil ni tener que afinar el oído. Madre mía, qué lujo me parece eso...

Comer tranquila y disfrutando, al menos una comida al día. Me conformo con eso. Con no tener que estar corriendo, quitando los platos y los vasos de su radio de acción y alejándolos para que no los tire, comer tan deprisa que me sienta hasta mal, no saber ni lo que estoy comiendo porque no tengo tiempo ni de mirar qué he puesto en el plato.

¿Comer caliente? Un lujo.

¿Estar limpia y vestida? Otro lujo más.

Sé que parece que me quejo (otra vez), pero de verdad que no cambiaría mi vida actual; simplemente, a veces siento que no llego a todo. Además, tengo una niña muy despierta, muy inquieta y aventurera, y eso hace que sea un poco más exagerado el trabajo.

Desde bien pequeña se ha movido mucho, pero ahora ya no para.

Me voy recuperando mientras mi hija entra en una nueva fase y ella va más rápido que yo. Me pregunto mucho si seré capaz de seguirle el ritmo.

Trato de no justificarme. Si estoy cansada lo asumo, protesto para mí, pero lo asumo. La queja es, en realidad, una forma de verbalizarlo. No busco cambiar mi vida de ahora. No necesito que nadie me dé la solución a mis problemas. Por ejemplo, ¿tener a alguien que se haga cargo de Laia por las noches para que yo pueda dormir? Ni pensarlo. Alguna vez se ha quedado mi madre a dormir para darme un apoyo y, al final, yo duermo peor. Estoy nerviosa porque pienso si estarán bien y termino levantándome a cotillear. Soy adulta, soy madura y lo bastante inteligente para saber cuáles son mis opciones. Si no estoy haciendo otra cosa es porque no quiero.

Me molesta que la gente me diga qué es lo que tengo que hacer y lo que piensa que es mejor para mí, para la niña, para mi propia familia. No me gusta meterme en la vida de los demás y espero que el resto tampoco se meta en la mía. Puedo tener mi opinión, pero si no me la preguntan, no la doy.

Sé que algunas personas creen que me están ayudando al decirme ciertas cosas. Pero sus palabras generan en mí lo contrario. Lo que siento es mucha más presión. Tengo amigos que me aman, sé que me quieren muchísimo y me dicen: «A ver, Pedro, no estés tan triste». Sé que tratan de quitarle hierro, pero el efecto es sumarle peso a mi estado de ánimo. Y cuando me sueltan lo de «Pues no te quejes», ya no quiero hablar con ellos. A veces lo único que necesita una es poder quejarse, expresarlo, y después que le digan que lo está haciendo muy bien. Que le den ánimos. Nada más.

«No llores. Yo soy su abuela, pero es que tú eres mi hija», me dice mi madre. La rueda de la vida. Mi hija no deja de crecer y se supone que todo se transforma. Me repito a mí misma que son etapas y que el descanso llegará. Laia dormirá más, no pedirá tanto pecho y no tendré que despertarme con tanta frecuencia para las tomas. Pero no quiero forzarlo pensando en mí. Que sea lo que sea hasta que mi cuerpo aguante, porque este momento de mi vida, y de su vida, es el que es y quiero experimentarlo y disfrutarlo al máximo.

Todos dicen que debo encontrar tiempo para mí. Desconectar, salir por ahí, recuperar esos momentos que me regalaba antes. Siento que es imposible. De verdad que lo veo así. Soy incapaz de asumir la crianza de una forma distinta. Con diecisiete años no me pedirá teta por las noches... Aunque a esa edad, si ha salido con sus amigas, estaré sin dormir pensando en dónde estará. Sí, sé que no me conviene proyectar. Ahora lo que toca es precisamente esto. Estar todo el tiempo posible para ella. Nos necesitamos.

Cuando voy a *Zapeando,* como me llevan en coche y el trayecto dura unos veinte minutos, aprovecho ese rato para estar con los ojos cerrados y descansar. Si me he dormido dos minutos, pues eso que me llevo. Sé que estoy reventada físicamente, me miro al espejo y veo unas ojeras horribles, pero son ojeras de amor. Me da igual. Son bienvenidas.

No digo que sea mejor o peor madre que aquella que decida tener a alguien en casa como ayuda para su hijo. Perfecto si es lo que tú deseas y lo que a ti te sirve. Yo no quiero hacerlo y sé que eso hace que pueda estar más cansada. Lo asumo. Hay alternativas que no comparto, opciones que no quiero y que no van conmigo, ni con la madre que quiero ser ni con el tipo de crianza que quiero llevar adelante.

A lo mejor soy *rara.*

Tengo un único deseo: **solo quiero que acepten mis sentimientos, nada más, ni siquiera que me comprendan.** Porque si alguien no lo ha vivido o tiene otro tipo de valores, puede que no termine de entenderme.

Solo quiero que crean en mí.

A veces se tiene la percepción de que los famosos, al tener más recursos, pueden tener los hijos que quieran y a mucha gente alrededor que les haga un montón de cosas. En mi caso, te puedo asegurar que no es así. No me gusta que una extraña coja a mi hija y cuide de ella. **Me encanta que sepa que su principal figura de apego y de protección soy yo, y quiero que sea así siempre.** Además, tiene a su padre, a sus abuelos, a sus primos... Soy muy celosa de mi privacidad en mi casa, no me gusta que nadie vea cómo vivimos o cómo me siento en todo momento. Si estoy llorando porque lo necesito, tampoco me gusta que nadie me vea. Y estaría sufriendo al imaginar que esa persona puede hacerle una foto a mi hija y compartirla con otros, hacerla pública... Es complejo.

Dejo de hacer ciertas cosas, cambio algunas rutinas, como la de hacer deporte, porque estoy sola con ella. Si tengo que trabajar y necesito apoyo, tengo a mis padres. La de veces que he regresado a los diez minutos de haberme ido...

No sé si en unos años cambiaré de opinión.

Cada persona tiene que ser como ella quiera ser y con lo que esté a gusto, vivir acorde con sus creencias. Igual que yo no me meto en cómo viven los demás, espero que nadie se meta conmigo. Sé que la estabilidad económica te puede dar ciertos privilegios y hay cuestiones sobre las que me tengo que preocupar menos que otras familias. Sé de dónde vengo para entenderlo. Pero yo estoy eligiendo desde el privilegio de tener todas las opciones disponibles. Cada uno toma las decisiones basándose en lo que tiene y en lo que defiende.

Nadie me ha regalado nada, me lo he ganado.

18

POR FIN HE APRENDIDO

Dicen que, tras el parto, el cuerpo y el cerebro de la mujer tardan como mínimo dos años en volver a la *normalidad*. Así que todavía tiene que pasar todo ese tiempo —cuando escribo estas líneas, me deben de quedar unos cuatrocientos ochenta y cinco días, que los he contado— para que mis hormonas vuelvan a sus niveles normales. Eso, en teoría. Estoy en un tercio del trayecto previsto. Todavía me queda bastante.

Definitivamente, tengo que ser más permisiva, paciente y cariñosa conmigo misma. Pero ¿cómo lograrlo cuando una, por naturaleza, es tan autoexigente? Difícil, pero no imposible. En ello estoy.

Siempre pienso que a cada problema se le puede aplicar una solución. De la misma forma que soy muy perfeccionista, estoy siendo cada vez más flexible, busco saber adaptarme y pensar que hay cosas que a veces pasan porque tenían que pasar.

Puedo llegar a ser muy obsesiva y cuadriculada, poner todo el empeño en algo para, como ya te he dicho, que no me pillen en un renuncio, pero, cuidado, que si algo no sale como estaba previsto o yo quería que fuese sí o sí de una forma, también soy capaz de darle la vuelta. Sé buscar una alternativa.

El problema es que a veces me pongo demasiadas tareas. Demasiados *to do* y como no consiga hacer el *check* a toda la lista, me acuesto frustrada. Si antes me marcaba diez tareas a lo largo del día, me iba a la cama después de completar once. Y hoy, doy gracias si puedo hacer cinco o seis. Lo malo es que me acuesto pensando que no he hecho nada. Y Laia y yo sabemos que no he parado... Necesito tiempo para asumir y marcarme objetivos reales.

Ay, las expectativas. ¿Y si pongo eso de rebajar las expectativas en mi lista para hacer a largo plazo? No quiero exigirme demasiado, porque en un mismo día puedo sentir muchas cosas, pero sí creo que estoy mejor.

¿En qué lo noto?

Voy a repasar contigo algunas de las cosas que mi historia me ha enseñado:

- Me siento vulnerable. Pero también soy capaz de sentirme fuerte a pesar del miedo.

- No hace falta sentirse como la más valiente para actuar con valentía. Creo que durante estos meses también he actuado así, aunque por momentos me viese incapaz de hacer lo que ya estaba haciendo.

- No debería juzgarme a mí misma con tanta exigencia. No puedo ser mi peor enemiga.

- Aunque las críticas hagan que haya días o ratos muy malos, hay personas anónimas que me animan siempre.

- El odio de los demás esconde, seguro, alguna rotura emocional.

- Validar mis emociones es un gran progreso.

- Llorar no es de débiles.

- Toda recuperación implica dar algún paso atrás. Sé que llegará el momento de dar saltos adelante.

- Valiente es quien decide mirar su mundo interno y escucharlo.

- Nos cuesta hablar de nuestros sentimientos. Pero a mí, cada vez menos, y eso es liberador.

- No todo el mundo está dispuesto a indagar en sí mismo para saber qué le pasa o para, sencillamente, tratar de estar lo mejor posible. No todo el mundo quiere dar ese paso.

- Mi historia pasada influye en el presente. Todos llevamos un recorrido… Es comprensible que la mochila pese. De vez en cuando hay que descargarla.

- Me siguen dando miedo el futuro y lo que pueda pasar. Pero me doy cuenta de que muchas de las cosas malas que proyecta mi mente no se cumplen.

- No estoy en la misma situación de antes. No puedo hacer lo mismo. No soy la misma persona, porque ahora soy madre y mi mundo es otro. Mejor no compararme.

- Nadie tiene una vida ideal o perfecta. A veces la vida se complica y una puede sentirse perdida. Ser feliz todo el día y todo el tiempo es imposible. Por mucho que a mí me encantaría… e imagino que a ti también.

- Tengo la suerte de tener una familia maravillosa que me permite ser como soy, que me quiere incondicionalmente. Y yo a ellos.

- Vivo la mayor explosión de amor que jamás hubiera imaginado. Morirse de amor también es una tabla de salvación.

Podría seguir con la lista... Pero no me voy a poner exigente a la hora de hacer *check*.

Todos hemos sido niños y deberíamos no perder esa esencia. No digo que seamos como Peter Pan y que no queramos crecer, pero tendríamos que darnos cuenta de las cosas que nos enseñan los niños.

Pienso en todo lo que Laia me enseña, en todas las lecciones que me da cada día. Ella sí que vive el presente todo el rato. Dicen que a los niños, cuando están jugando concentrados, no hay que molestarlos, porque es como si estuvieran meditando. Y es verdad. Están jugando y solo están ahí, no están pensando en otra cosa.

Cada mañana se levanta con una sonrisa, con ganas de comerse el mundo, como si se hubiera dado cuenta de que la vida sigue, que está viva, que solo estaba dormida. El sueño es solo un parón necesario para recargar energía para un nuevo día. ¿En qué momento de nuestra existencia dejamos de hacer eso? Me da pena que los adultos necesitemos más cosas para sonreír, que no nos valga con tener la oportunidad de vivir otro día más. Si estás leyendo esto temprano..., ¿has sonreído ya? ¿No? Si estás leyendo esto por la noche y contestas que no, deberías revisar lo que hayas hecho durante el día, porque quizás no te está haciendo feliz.

Venga, vamos a hacer una cosa.

Tómate un segundo para sonreír. Puede darte vergüenza al principio, pero ¿qué más da? No hay nadie que te esté mirando, ni siquiera yo. Y si te están viendo, ¿sabías que las sonrisas se contagian? Tal vez estés haciendo algo bueno para otra persona, así que ya tienes un doble motivo para sonreír.

Cuando estés listo, sonríe..., pero con ganas, que se vean los dientes.

Y aguanta unos segundos.

No me digas que no sienta bien. Pues así hay que comenzar todas las mañanas.

Tengo una máxima: la energía ni se crea ni se destruye, solo se transforma. Todas las personas, cuando nos levantamos, tenemos un nivel de energía y ese nivel no se destruye porque hagas deporte o porque hagas un sobreesfuerzo, simplemente esa energía se transformará. Hoy me encontraba fatal al llegar a casa después del trabajo. Quería echarme la siesta, pero no podía, porque mi madre se iba. Plan B: salir a pasear. He cogido a Laia, me la he puesto en el fular de porteo y he comenzado a caminar. Sabía que al volver, a pesar del cansancio, iba a estar más contenta. Me conozco y sé que cuando ando un ratito de repente estoy un poco más alegre. ¿Y si cada día voy sumando momentos de alegría como este? ¿Y si con la terapia y la suma de pequeñas cosas progreso hasta pasar página?

Saldré de esta como sea, miraré atrás y me reiré. Solo quedarán las cosas positivas y, sobre todo, un vínculo y una relación con mi hija indestructibles. Aunque ahora esté venida a menos, sé que soy fuerte, muy fuerte, tengo claro qué es lo que quiero y que tengo que hacer lo imposible para volver a sentirme pletórica. Y aunque ahora a veces necesite que me hagan un poco más de caso, que me den un empujón, que me reconozcan, que me vean…, sé que no es cosa de los demás. Cualquier cambio positivo tiene que partir de mí.

Estoy saliendo del pozo. No sabía qué me pasaba, todo era llorar y sentir pena, no podía poner palabras a mis sentimientos, no me quitaba el nudo de la garganta. Hay momentos en los que sigo llorando. Pero un día como hoy, precisamente ahora, me siento con vitalidad a pesar del miedo. Con pánico a hacer muchas cosas cotidianas, pero las sigo y las seguiré haciendo.

También llevo conmigo escudos que me protegen y me siento reforzada en mis convicciones y mi ánimo.

Sé que si me caigo, habrá quien me sostenga.

Eh, y a ti también.

No estás sola. No estamos solas.

Laia

Cada mañana, cuando despierto con ella, me doy cuenta de lo afortunada que soy. Da igual cuántas veces me haya tenido que despertar por la noche, todo lo cansada que esté, no me importan las ojeras ni la mala cara. Cuando ella despierta, se despiertan el amor y la vida, y con ellos las sonrisas, las caricias, las miradas de complicidad. Eso es lo que me recarga las pilas, no dormir ni descansar... Es ella la que me da la vida.

Cada vez que la miro me pregunto quién le dio la vida a quién.

También lloro mucho de amor. Siento un amor tan grande, tan intenso, que a veces siento que me estalla el corazón de forma literal. Es más que eso. A veces noto tanto amor que me quedo paralizada, no me salen las palabras. Pienso que la perfección no existe hasta que la miro a ella.

Mi Laia.

Siento que cuando me miras me atraviesas el corazón.

Me derrites con tu mirada. Una mirada de amor y de pasión.

Ojalá me mires y me quieras siempre así. Te juro que siempre estaré a tu lado, de tu mano, y que jamás te voy a soltar.

Me quedaría mirándote a los ojos eternamente.

Eres vida. Mi vida.

Mis ojitos estrellados.

Mi nariz respingona.

Mi boquita de fresa.

Mis orejas perfectas.

Mis cejitas casi inexistentes.

Mi niña..., mi tesoro.

En otra vida tuve que hacerlo muy bien para que en esta haya sido tan afortunada de tenerte.

Pero, a la vez...

Me muero de pena porque sé que algún día dejarás de necesitarme para todo.

Me muero de pena al pensar que no me darás la mano al dormirte.

Me muero de pena al saber que dejarás de mirarme con esa cara de amor, dejándome claro que tu único mundo soy yo.

Me muero de pena porque se acabarán las canciones de amor inventadas.

Me muero de pena porque algún día querrás dormir sola.

Me muero de pena al saber que llegará el momento en el que no querrás teta (comer de mí).

Me muero de pena al pensar que no querrás que te acune mientras me quedo embobada sonriéndote hasta que te duermes.

Me muero de pena porque sé que no me dejarás darte tantos besos y abrazos como yo necesitaré.

Me muero de pena porque sé que se acabarán nuestras siestas, tú dormida en mi pecho.

Me muero de pena al darme cuenta de que no puedo parar el tiempo para que dejes de crecer tan rápido.

Me muero de pena porque sé que algún día dejarás de ser una niña.

Pero me alivia pensar que jamás dejarás de ser mi niña.

Agradecimientos

No sé muy bien por dónde empezar, porque tengo mucho que agradecer a la vida por permitirme estar donde estoy, ser quien soy y haberme traído a las bonitas personas que tengo a mi lado haciéndome mejor.

Iba a ir agradeciendo una a una a todas esas personas que estáis en mi vida y que me habéis traído luz para ayudarme, pero sería larguísimo y, lo peor de todo, me resultaría imposible poneros a todos, me olvidaría de alguien y me sentiría fatal. Ya sabéis que tengo mucha *mamnesia* y aunque quiera se me iba a olvidar alguno de vuestros nombres.

Gracias por estar a mi lado y tener tanta paciencia en la nueva relación que estamos construyendo desde que soy madre.

GRACIAS.

Espero que a vosotros, mis padres, os haya gustado mi relato, porque aunque ya conocéis la historia de primera mano, a veces leerlo desde fuera puede dar nuevas pistas de cómo voy estando. Sois los mejores padres que he podido tener y, sobre todo, sois los mejores abuelos para Laia. Os amamos.

A ti, Marido, es que no puedo decirte mucho más de lo que ya te digo cada día. Qué suerte habernos encontrado. Gracias por darme la mano y no dejarme caer nunca. Gracias por ser mi equipo y gracias por haber querido formar esta maravillosa familia. Eres la suerte de mi vida.

Y, por supuesto, gracias a ti que estás leyendo esto. Gracias por darme un poco de tu tiempo para conocer más en profundidad mi historia. Me hace sentir muy acompañada y eso, por supuesto, también me ayuda.

Terminaré diciendo que con la escritura de este libro me he dado cuenta de que en el fondo soy una valiente, porque no me dejo arrastrar por las situaciones y siempre quiero llevar el timón de mi vida. También tengo que agradecerme a mí misma mi disposición, mi disciplina y mi tesón cuando quiero algo. Y, por supuesto, a ese sentimiento que me hace querer saber más, que me trastoca todos los planes y me hace ponerme manos a la obra para encarar lo que venga de la forma más preparada posible. A ese sentimiento que en muchas ocasiones me zarandea y me deja paralizada. A ese sentimiento que a veces me parece gris, al que, con trabajo, mucho trabajo, consigo dar luz.

Gracias a ti.

Gracias al miedo.